कफ, पित्त, वात
और
आपका स्वास्थ्य

कफ, पित्त, वात
और
आपका स्वास्थ्य

प्रेमशंकर पाण्डेय

वाणी
प्रकाशन

प्रकाशन के उत्कृष्टतम 63 वर्ष

vaniprakashan.com

सजिल्द पहला संस्करण : 2026

वाणी प्रकाशन

4695, 21-ए, दरियागंज, नयी दिल्ली-110 002

फ़ोन : + 91 11 23273167, 23275710

शाखाएँ

अशोक राजपथ, पटना-800 004, बिहार

कॉफ़ी हाउस कैम्पस, महात्मा गांधी मार्ग, प्रयागराज-211 001, उत्तर प्रदेश

महात्मा गांधी अन्तरराष्ट्रीय हिन्दी विश्वविद्यालय, वर्धा-442 001, महाराष्ट्र

sales@vaniprakashan.in
vaniprakashan@gmail.com

Cough, Pitta, Vaat Aur Aapka Swasthya
by Premshankar Pandey

ISBN : 978-93-7348-494-5
Health

मूल्य : ₹ 295

जी.एस. ऑफ़सेट, दिल्ली-110 095 में मुद्रित

वाणी प्रकाशन का लोगो मक़बूल फ़िदा हुसैन की कूची से

प्राक्कथन

दूरसंचार विभाग से सहायक अभियन्ता के पद से 32 वर्ष पहले सेवा निवृत्त हुआ था। व्यस्त रहने के लिए एक्यूप्रेशर संस्थान से एडवान्स कोर्स किया। उसके बाद जिज्ञासा हुई कि आयुर्वेद में त्रिदोष शब्द का प्रयोग होता है, यह त्रिदोष है क्या? इसी जिज्ञासा को शान्त करने के लिए अपनी भारतीय चिकित्सा के बारे में जानकारी प्राप्त की और उसे पुस्तक रूप देने का यह प्रयत्न है। पुस्तक में एक रोग के कई उपाय बताये गये हैं। पाठक अपनी सुविधानुसार तथा सामग्री उपलब्धता के अनुसार कोई एक या दो उपाय अपना सकते हैं। उद्देश्य है कि छोटी-छोटी व्याधियों के लिए लोग महँगी दवाओं के लिए न भागें।

प्रेमशंकर पाण्डेय

1, हेस्टिंग रोड

प्रयागराज-211001

अनुक्रम

हमारा शरीर

हमारा शरीर पंच तत्त्वों से निर्मित है। शरीर को हम दो भागों में देख सकते हैं। पंच तत्त्व हैं, पृथ्वी, जल, अग्नि, वायु और आकाश। यथा पिण्डे तथा ब्रह्मण्डे।

1. स्थूल शरीर यानी जिसे हम देख सकते हैं।

2. सूक्ष्म शरीर जैसे मन, बुद्धि, चित्त, और अहंकार जिन्हें हम देख नहीं सकते पर, इनके बिना शरीर की अवधारणा ही नहीं हो सकती, ये शरीर के धारण करने के लिए अति महत्त्वपूर्ण है।

स्थूल शरीर पंच तत्त्वों से बना है जिनसे शरीर का धारण होता है।

पृथ्वी तत्त्व

पृथ्वी से उत्पन्न अन्न, फल, कन्द मूल आदि से शरीर का निर्माण और धारण होता है, भोजन से हम इसकी पूर्ति करते रहते हैं।

जल : हम सभी जानते हैं कि शरीर का 70 प्रतिशत भाग जल ही है, इसकी पूर्ति हम प्यास बुझाने के लिए करते हैं।

अग्नि : शरीर एक निश्चित तापमान पर बना रहता है यह अग्नि तत्त्व से ही सम्भव होता है। इसके निकल जाने पर शरीर ठण्डा हो जाता है और व्यक्ति मृत घोषित कर दिया जाता है अर्थात अग्नि ही जीवन है। त्वचा का निखार अग्नि के ही कारण है। हमारी जठराग्नि मजबूत होनी चाहिए।

वायु : वायु ही प्राण है। हर क्षण हम वायु नासिका से लेते रहते हैं जिससे शरीर को ऑक्सीजन (प्राणवायु) मिलती रहे यदि वायु न मिले तो दम घुटने से शरीरान्त हो जाता है।

आकाश : आकाश तत्त्व से तात्पर्य है स्थान (स्पेश)। हमारा शरीर स्थान घेरता ही है। शरीरान्त होने के बाद या तो कब्र में मिट्टी बन जाती है या चिता पर राख। तभी शरीर स्थान घेरना छोड़ता है।

आकाश से ही शब्द की उत्पत्ति मानी गयी है और हमारे बोलने की शक्ति आकाश तत्त्व से ही है।

इस प्रकार ये पाँच तत्त्व हमारे शरीर को बनाने की ईंटें हैं।

वात, पित्त, कफ

इन पाँच तत्त्वों के अलावा शरीर को चलाने के लिए तीन और शक्तियों की आवश्यकता पड़ती है इन्हें हम धातु कहते हैं। देह धारणम इति धातु। ये तीन धातुएँ हैं कफ, पित्त, और वात।

इन धातुओं का निर्धारण गर्भ में हो जाता है। माँ को इस दौरान जैसा खान-पान वा सोच-विचार मिलता है उसी के अनुसार इनका निर्माण होता है। हर व्यक्ति में इन धातुओं की मात्रा में विभिन्नता होती है। जिससे उसकी प्रकृति बनती है। जिस धातु की प्रधानता होगी वही उस व्यक्ति की प्रधान प्रकृति होगी जैसे कफ प्रकृति, पित्त प्रकृति और वात प्रकृति।

यह मिश्रित प्रकार की भी हो सकती है जैसे कफ पित्त प्रकृति, पित्त वात प्रकृति आदि। जब तक ये तीन धातुएँ शरीर में समअवस्था में यानि जितनी होनी चाहिए उतनी ही है तो व्यक्ति निरोगी माना जाता है। इनके कम या ज़्यादा होने पर रोग उत्पन्न होते हैं इसी को त्रिदोष कहा जाता है और चिकित्सक का प्रयास इन्हें सम अवस्था में लाने का होता है यदि आयुर्वेद है जो जड़ी-बूटियों, रत्नों और खनिज तत्त्वों से इनके द्वारा उत्पन्न रोगों की चिकित्सा करते हैं विभिन्न रोगों के लिए अलग-अलग विभाग हैं।

1. काय चिकित्सा : पूरे शरीर की चिकित्सा विशेषकर पेट के रोगों की चिकित्सा।

2. रसायन चिकित्सा : बल, बुद्धि, आयु रोग प्रतिरोधक शक्ति, विकास, दीर्घायु आदि की चिकित्सा रस-रसायन द्वारा की जाती है। उदाहरण के लिए च्यवनप्राश अवलेह (चटनी) जवाहर मोहरा मोती पिष्टी आदि से चिकित्सा।

3. बाजीकरण : प्रमेह, प्रदर, यौन, शुक्र सम्पन्नता आदि।

4. कौमार्या भृत्य : बाल भृत्य रोगों की चिकित्सा।

5. शल्य चिकित्सा : यन्त्रों से की जाने वाली चिकित्सा, चीरा, घाव, फोड़े-फुन्सी, अस्थि आदि की चिकित्सा।

6. शालक्य चिकित्सा : नाक, कान, गला की चिकित्सा।

7. अगद तन्त्र : इसे विष चिकित्सा भी कहते हैं कीड़े, मकोड़ों, सर्पदंश, विषाक्त भोजन से उत्पन्न रोगों की चिकित्सा की जाती है।

8. भूत चिकित्सा : मानसिक रोग, वायरस विषाणु और जीवाणु से रक्षा (न कि भूत पिशाच) की जाती है, पर्यावरण की शुद्धता और स्वच्छता पर बल दिया जाता है।

पाँच ज्ञानेन्द्रियाँ और उनके तत्त्व :

कान : आकाश तत्त्व से काम करता है। आकाश शब्द का प्रतीक है आकाश तत्त्व अन्दर जाता है और बोलने से शब्द निकलता है। शब्द कान सुनते हैं।

नाक : गन्ध पृथ्वी तत्त्व की प्रमुखता है।

रसना : जीव स्वाद लेती है यह जल तत्त्व का प्रभाव है।

नेत्र : अग्नि तत्त्व से काम करते हैं। प्रकाश अग्नि तत्त्व है। सूर्य प्रकाश या दीपक का प्रकाश अग्नि तत्त्व है।

त्वचा : यह वायु तत्त्व को दर्शाता है। वायु गर्म है या ठण्डी यह त्वचा वायु के स्पर्श से बताती है।

नौ द्वार : शरीर से मल निष्कासन के लिए नौ द्वार भी है ये हैं दो आँख (आँसू, कीचड़), दो नाक (बलगम), दो कान (मैल), एक मुँह (कफ), मूत्र मार्ग (मूत्र विसर्जन) और मलाशय (मल) निकालते हैं।

नस

हमारे शरीर में नसों का जाल बिछा हुआ है। नसें शरीर में सन्देश वाहक का कार्य करती हैं। एक अंग से दूसरे अंग को सन्देश पहुँचाना नसों का कार्य है। वात इन्हें नियन्त्रित करती है मस्तिष्क से और मस्तिष्क को सन्देश इन्हीं नसों द्वारा प्रेषित होता है।

मस्तिष्क से निकलकर मुख्य नाड़ी गर्दन के पीछे मेडुला से होती हुई मेरुदण्ड के सुरक्षित मार्ग से होती हुई पैरों तक जाती है यह सुषुम्ना नाड़ी कहलाती है। मेरुदण्ड से और नाड़ियाँ निकल कर प्रत्येक अंग में जाती हैं दायीं और बायीं दोनों ओर ये इंगला और पिंगला नाड़ियाँ हैं इन्हीं के द्वारा हर अंग को सन्देश पहुँचता है। उदाहरण के लिए आग के पास हाथ जाने पर उसे तुरन्त हटा लेने का सन्देश हाथ की नसें मस्तिष्क तक पहुँचा देती हैं और मस्तिष्क से तुरन्त सन्देश आता है हाथ हटा लें। नाड़ियों में कमजोरी आने से झुनझुनी, याददाश्त की कमी, लड़खड़ाहट, कम्पन आदि बीमारियाँ होती हैं। ऊपर हम कह चुके हैं कि इनका संचालन वात करती है अत: वात न बढ़ने दें सम मात्रा में ही वात होनी चाहिए। विषम मात्रा में नाड़ी दोष उत्पन्न होंगे। वात का शमन घी करता है। अत: घी का प्रयोग करें। सूखा न खायें। पौष्टिक भोजन करें। आधुनिक गैजेट्स मोबाइल, टी.वी. आदि का प्रयोग कम करें। मेरुदण्ड में डिस्क खिसक जाने से नाड़ी दबती है और साइटिका का भयंकर दर्द होता है। नाड़ी में आघात लगने पर लकवा हो जाता है। फ्रिज में रखा ठण्डा भोजन न करें। रसायन छिड़काव वाली सब्जियों को नमक के पानी से धोकर प्रयोग में लायें।

नाड़ियों को स्वस्थ रखने के लिए मेद रसायन जैसे ब्राह्मी, शंखपुष्पी का प्रयोग करें। दूध में 4-5 बूँदें शिलाजीत की और एक चम्मच गाय का घी डालकर सोते समय पियें। नासिकाओं में 2-2 चम्मच बादाम रोगन या गाय का घी नाक में सोते समय डालें। बादाम, अखरोट, अंजीर, किसमिस आदि लाभदायी हैं। चार बादाम, 2 अखरोट, 10-12 किसमिस, रात को भिगो दें प्रात: खूब चबाकर खा लें ऊपर से दूध पी लें। बादी वाली चीज़ें न खायें वात बढ़ाती हैं।

मालिश भी बहुत अच्छी है नसों के लिए। तिल के तेल की मालिश पूरे शरीर में करें। कैल्शियम भी मिलेगा। जोड़ों के दर्द में भी लाभदायक होगा। योगाभ्यास करें, सोंठ, अश्वगन्धा और आँवला का सम मात्रा का चूर्ण गाय की घी में सानकर लें सोते समय और ऊपर से दूध पी लें। नसें मजबूत रहेंगी।

एन.बी.

1. नसों से सन्देश एक स्थान से दूसरे स्थान (अंग) तक जाते हैं।
2. धमनियों (आर्टरीज़) में शुद्ध रक्त का संचार होता है।
3. शिराओं (वेन्स) में दूषित रक्त प्रवाहित होता है।

स्रोतस

स्रोतस

स्रोतस का अर्थ है मार्ग यानी चैनल। भोजन मुँह से भोजन नली, हयूहिनम पेट आँतों से होता हुआ अवशेष मल द्वार से बाहर निकल जाता है। ये सभी अंग नंगी आँखों से देखने को मिलते हैं। यह भोजन मार्ग स्थूल रूप में है। भोजन पचने के बाद जो निचोड़ रस बनता है, वह आँतों द्वारा अवशोषित कर लिया जाता है। उस रस से विभिन्न अंगों के स्रोतस अपना-अपना भाग लेकर उन अंगों तक पहुँचा देते हैं। उदाहरण के लिए रस से कैल्शियम और फास्फोरस लेकर हड्डियों के स्रोतस हड्डियों तक पहुँचा देंगे। रक्त के स्रोतस रस से रक्त बनाने वाली धातुएँ लौह आदि बोनमैरो में पहुँचा देंगे जहाँ रक्त निर्माण होता है।

इन स्रोतों में यदि अवरोध होगा तो धातु विशेष की कमी हो जायेगी। अवरोध होने पर निम्नलिखित रोग हो सकते हैं।

प्राणवाहक स्रोतस : साँस फूलना, दमा आदि।

जल वाहक स्रोतस : कण्ठ सूखना, प्यास अधिक लगना।

अग्नि वाहक स्रोतस : अपच, मन्दाग्नि, उल्टी।

लसिक (लिम्फ) स्रोतस : हृदय रोग और गिल्टियाँ।

पित्त वाहक स्रोतस : रक्त स्राव, गुदामार्ग में जलन, यकृत की खराबी आदि पित्त रोग होते हैं।

मांस वाहक स्रोतस : अस्थि और त्वचा के रोग होते हैं। शरीर भारी होता है। दिन में न सोयें, विशेषकर भोजन के तुरन्त बाद। भोजन के बाद दो मिनट वज्र आसन में बैठें।

मेदोमय स्त्रोतस : ज़्यादा गरिष्ठ भोजन लेने से अवरोध आता है। शरीर में भारीपन लगता है। उच्च रक्त चाप हो सकता है। आम बनने पर मेदोमय चैनल बन्द होने से मेद आगे न चलकर पेट पर जमा हो जाता है और पेट निकलता है।

अस्थि वाहक स्त्रोतस के अवरुद्ध होने पर हड्डियों तक कैल्शियम नहीं पहुँचता। हड्डियों के दर्द, बालों का झड़ना देखा जा सकता है।

मज्ज़ावाहन स्त्रोतस के अवरुद्ध होने पर अस्थियों को पौष्टिक तत्त्व नहीं मिल पाते। जोड़ों में दर्द उत्पन्न होता है। विरुद्ध आहार मुख्य कारण होता है। फोड़े फुन्सी होते हैं। याददाश्त कमजोर होती है।

शुक्रवाहक स्त्रोतस के अवरुद्ध होने पर नपुन्सकता आती है। अप्राकृतिक मैथुन, अत्यधिक मैथुन, और मैथुन की इच्छा होने पर उसे दबाना, उसके कारण हो सकते हैं।

स्त्रोतस अवरोध के हटाने के लिए प्राणायाम सबसे उत्तम उपाय है। बेल के पत्तों का रस भी लाभकारी है। प्राणायाम 70 प्रतिशत रोग ठीक कर सकते हैं जबकि अन्य कसरतें, योग, आसन आदि, 30 प्रतिशत ठीक करते हैं। यहाँ यह बताना आवश्यक है कि आम तमाम रोगों की जड़ है पर इसका कोई चैनल (स्त्रोतस) नहीं है। यह रक्त के साथ सभी अंगों से पहुँच सकता है और वहाँ पहुँच कर रोग उत्पन्न करता है। भोजन का अनपचा भाग ही आम है। जो विषैला होता है। आम जिस अंग में जम कर सूख जाता है वहाँ रोग पैदा करता है।

चयापचय

चयापचय की चर्चा कई बार आ चुकी है। इसका सही रहना बहुत महत्त्वपूर्ण है। क्योंकि जो भी हम खाते-पीते हैं उसका अधिक-से-अधिक भाग पच जाना चाहिए तभी तो भोजन से उचित आहार (आहार का निचोड़ रस) प्राप्त होगा और उस रस से रक्त बनेगा और रक्त द्वारा विभिन्न स्रोतों द्वारा अपना-अपना भाग लेकर वहाँ तक पहुँचेगा, जहाँ के लिए वे कार्य करते हैं मसलन रक्त से कैल्शियम लेकर हड्डियों तक पहुँचाने वाले स्रोतस कैल्शियम को हड्डी तक पहुँचायेंगे तभी तो हड्डियाँ मजबूत होती हैं।

मेद (फैट) पहुँचाने वाले स्रोतस अंगों को स्निग्ध रखने के लिए मेद हर अंग तक पहुँचायेंगे यदि स्रोतस (मार्ग) में कहीं कुछ जमा है जो मेद हर जगह नहीं पहुँचायेगा और पेट में ही जमा होता रहेगा और पेट निकला हुआ मोटा दिखाई देगा। चयापचय में कमजोरी है तो मेद कम बनेगा। हर अंग को स्निग्धता कैसे मिल पायेगी। चयापचय ठीक न होने पर सभी धातुएँ शरीर को नहीं मिल पायेगी आम बनेगा जो तमाम रोगों का कारण बन सकता है। थकान, सिरदर्द, बालों का गिरना, प्रात: उठने पर सुस्ती बने रहना, कुछ न करने की इच्छा तथा आराम करने का ही मन होगा। चेहरे पर भी फीकापन दिखाई देगा क्योंकि खाया-पिया कमजोर चयापचय के कारण ऊर्जा में परिवर्तित नहीं हो पाता।

चयापचय ठीक रखने के लिए नियमित दिनचर्या का पालन करना होगा। रात को भोजन जल्दी करें। रात्रि में जल्दी सोयें। प्रात: सूर्योदय से पहले उठ जायें। आहार सन्तुलित लें जिससे शरीर की सभी आवश्यकताएँ पूरी होती रहें। दिन में भोजन के बाद छाछ लें। रात के भोजन के बाद दूध। यह भोजन के

लिए अनुपान है जो भोजन के गुणों की वृद्धि करते हैं। आसव जैसे सब्ज़ियों का सूप लें। कफ बनता है तो भुने चने खायें। पित्त बनता है तो मुनक्के का काढ़ा लें। वात बनती है तो स्निध पदार्थ लें जैसे घी। उड़द की दाल के साथ दही लाभकारी है। मूँग के साथ आवले की चटनी लें। चने की दाल के साथ मूली लें। खिचड़ी में सेंधा नमक डालें। अरहर की दाल नींबू से पचती है। गेहूँ पचाने के लिए उसमें थोड़ा-सा मक्के का आटा मिलायें। जौ चने का आटा का प्रयोग भी करते रहें। विरुद्ध आहार से बचें। ऋतु फल अवश्य लें। मक्के को अजवाइन हज़म कराती है। इन बातों का ध्यान रखेंगे और पालन करेंगे तो चयापचय मजबूत होगा और खाया-पीया लगेगा। एक पाद पश्चिमोत्तानासन करें और लीवर और तिल्ली ठीक रहेंगे तो पाचन ठीक रहेगा। वक्रासन भी उपयोगी है। अभ्यास डालें प्रातः उठकर एक गिलास गुनगुना पानी पियें। मल विसर्जन ठीक रहेगा। कब्ज वाले उड़द न खायें नहीं तो कब्ज बढ़ेगी। भोजन करते समय ठण्डा पानी न पियें और पानी एक घण्टे बाद पियेंगे तो चयापचय खराब नहीं होगा। चाय के साथ नमकीन या पराठा विरुद्ध आहार है। न लें। खीर के साथ रायता विरुद्ध आहार है। मोटे व्यक्ति घी न लें और पतले व्यक्ति रूखा-सूखा न लें। भोजन के बाद चाय न पिएँ। चाय पीने से लौह तत्व अवशोषित नहीं होगा। विटामिन सी की कमी से भी लौह तत्व भोजन रस से अवशोषित नहीं होगा।

खाया हुआ अपना नहीं होता पचाया हुआ अपना होता है।

भोजन

शरीर के लिए भोजन की आवश्यकता होती है। भोजन से ही सन्तुष्टि और पुष्टि मिलती है। जो भोजन हम करते हैं वह दो भागों में बँट जाता है। वे सार और मल कहलाते हैं। सार छोटी आँत द्वारा सोख लिया जाता है और मल शरीर से बाहर निकल जाता है। सार तत्त्व को विपोक कहते हैं। सार यानि भोजन का रस।

सार से फिर क्रमशः रस, रक्त, मांस, मेद (फैट), मज्जा (बोन मैरो) और शुक्र आदि सात धातुएँ बनती हैं। संरक्षित शुक्र से ओज बनता है, जो चेहरे पर झलकता है।

भोजन में विविधता होनी चाहिए, देखने में सुन्दर होना चाहिए, ताजा होना चाहिए। तीन घण्टे से अधिक हो जाने पर भोजन बासी माना जाता है। भोजन स्निग्ध होना चाहिए। रूखा-सूखा नहीं। भोजन मौन रखकर करना चाहिए। शान्त वातावरण में करना चाहिए। भोजन करने से पहले दो घूँट जल पी लेने से भोजन नली में अटकता नहीं। भोजन में 80 प्रतिशत क्षारीय भोजन और 20 प्रतिशत अम्लीय भोजन होना चाहिए। पोटैशियम, सोडियम, मैग्नीशियम आदि जितने भी यम शब्द से अन्त होते हैं वह क्षारीय होते हैं इनसे पाचन और निष्कासन दोनों ठीक रहते हैं।

भोजनान्ते पिबेत तक्रम। अर्थात भोजन के बाद छाछ पियें यह भोजन के लिए अनुपान है। भोजन पचाने में सहायक है तथा भोजन में कोई दोष है तो उसे दूर करता है। सिरका भी अनुपान माना जाता है। भोजन उँगलियों से करना चाहिए। इससे पंच तत्त्वों का समावेश होता है। आज भी दक्षिण भारत में यह प्रथा चल रही है। भोजन 32 बार चबायें ताकि इतने समय में उसमें पर्याप्त लार की मात्रा मिल जाये। लार में एमलेस नामक रसायन होता है। जो कार्बोहाइड्रेट

को तोड़ता है। पाचन मुँह में ही शुरू हो जाता है। बादल हो तो छाछ नहीं लेनी चाहिए। भाद्रपद मास में छाछ बिल्कुल न लें।

भोजन लेने में तीन बातों का ध्यान रखना चाहिए।

1. हित भुक्त : जो हितकारी भोजन हो वही लें। भोजन सन्तुलित हो यानी उसमें कार्बोहाइड्रेट (अनाज), प्रोटीन (दालें), खनिज, पोटैशियम, कैल्शियम, मैग्नीशियम, आयरन, आदि सभी हों। सभी विटामिन भी मिलते हों। ऐसा भोजन हितकारी माना जाता है। भोजन देशकाल के अनुसार हो। नेपाल और बंगाल में दूध भात का प्रचलन है। पर समुद्रतटीय क्षेत्रों में नहीं खाया जा सकता। दक्षिण भारत में मठ्ठा लेते हैं।

2. मित भुक्त : भूख से कम खायें। आधा पेट भोजन से चौथाई पेय जैसे छाछ या पानी से भर लें और एक चौथाई खाली रहने दें। ठूँस कर न खायें। चयापचय से सही रहेगा। दो भोजन के बीच छह घण्टों का अन्तराल होना चाहिए। रात्रि का भोजन 9 बजे से पहले ही कर लें रात्रि को हल्का भोजन करें। रात्रि के भोजन के बाद प्रातः तक काफ़ी समय बीत जाता है।

अतः प्रातराश (नाश्ता) अच्छा लें उस समय शरीर की आवश्यकता अधिक होती है।

3. ऋतु भुक्त : मौसम के अनुकूल यानी जो फल-सब्ज़ियाँ और अनाज जिस मौसम में पैदा हो वही लें। यातायात की सुविधा बढ़ जाने से हर फल, सब्ज़ी हर मौसम में प्राप्त हो रही है। पर गर्मी के दिनों में गोभी खाने का कोई मतलब नहीं होता है और अन्त में भोजन शुद्ध धन से प्राप्त किया गया हो।

आयुर्वेद के भोजन के छह रस बताये गये हैं।

1. लवण रस नमकीन : यह हमें नमक द्वारा प्राप्त होता है दिनभर में एक व्यक्ति को 5 ग्राम से अधिक नमक नहीं लेना चाहिए। यह रस सूजन बढ़ाता है। सेंधा नमक उत्तम माना गया है।

2. कटुरस : यह मिर्च से प्राप्त होने वाला रस है तथा पाचन में सहायक है। वात और कफ घटाता है। लेकिन पित्त वर्धक है।

3. तिक्त रस : तिक्त रस यानी कड़वा रस जैसे नीम और करेला। तिक्त रस मधुमेह में लाभकारी है। त्वचा के लिए भी लाभकारी है। लीवर के लिए लाभकारी है।

तिक्त रस से रक्त शोधन होता है। बुद्धि वर्धक है। अधिक लेने से खुश्की पैदा करता है। रक्त और शुक्र की कमी करता है।

4. कसाय रस : कसैला रस मुँह में जड़ता लाता है। यह रक्त स्राव को रोकता है। घाव भरता है। कब्ज करता है। इसे रूखा माना गया है। वात उत्पन्न करता है। हर्र बहेड़ा और कमल ककड़ी को कसाय स्वाद माना गया है।

5. अम्ल रस : खट्टा होता है यूरिक एसिड बढ़ाता है। जोड़ों में दर्द पैदा करता है। अत: कम ही लेना चाहिए। दही अधिक न लें। काली मिर्च, भुना जीरा और काला नमक डालकर ही लें।

6. मधुर रस : यह सभी को प्रिय है मोटापा बढ़ाता है। मेद (चर्बी) वर्धक है। मधुमेह रोग पैदा करता है। मधुर रस कम लेना चाहिए।

मल : भोजन के बाद दूसरा भाग मल है जिसे शरीर से बाहर निकाला जाता है मलाशय द्वारा। मल भी विभिन्न रूपों में शरीर में निर्मित होता रहता है। नाखून भी मल है। मल निकालने के लिए शरीर में नौ द्वार हैं। दो आँखें, दो कान, दो नासिकायें, मुँह, मूत्रेन्द्रिय और गुदा द्वार। त्वचा भी पसीने के रूप में मल का निष्कासन करती है।

आयुर्वेद में मल निष्कासन पर ही विशेष बल दिया जाता है। शरीर का वैद्य मल माना गया है। नेति तर्पन, पंच कर्म आदि सारी क्रियाएँ मल निष्कासन के लिए ही है। आँखों से आँसू, नासिका से बलगम, मुँह से कफ, कानों से मैल (वैक्स) ये सब मल निष्कासन है। व्यायाम से पसीना तमाम तरह के विषाक्त पदार्थ लेकर बाहर आता है इसीलिए व्यायाम शरीर की पुष्टि के लिए आवश्यक है। रक्त संचार तो ठीक रखता है शरीर के जोड़ खुलते हैं पर मुख्य रूप से लाभकारी है त्वचा से पसीना निकालना। पेट भरने के लिए भोजन का मुख्य अंग है कार्बोहाइड्रेट। वांछित कार्बोहाइड्रेट हमें गेहूँ, चावल, अन्य अनाज और आलू, शकरकन्द आदि से प्राप्त होता है इनके द्वारा प्राप्त ऊर्जा टिकाऊ होती है। अन्य स्रोत जैसे चॉकलेट, जंकफूड से प्राप्त ऊर्जा जल्दी ही ख़त्म हो जाती है। कार्बोहाइड्रेट की ऊर्जा मांस पेशियों को प्राप्त होती है तथा मस्तिष्क की कोशिकाओं की मरम्मत होती है। उतना ही खायें जितना पच जाये अन्यथा भोजन रोग लाता है।

सर्दियों के मौसम हेमन्त ऋतु और शिशिर ऋतु में हमारी जठराग्नि पाचन शक्ति बहुत अच्छी रहती है। स्वास्थ्य अच्छा रहे इसके लिए इन दिनों पौष्टिक भोजन लेना उत्तम रहेगा। शरीर को गर्म रखने के लिए ऊर्जा की आवश्यकता अधिक हो जाती है जाड़ों में। इसलिए ऊर्जा देने वाले पदार्थ दूध, घी, सूखे मेवे लें। मोटे अनाज बाजरा, मक्की, चने का आटा प्रयोग करें। बाजरा शरीर को ऊष्मा देता है तथा पाचन ठीक रखता है। मक्का भी ऊर्जा देता है।

आटे में मेथी पाउडर–एक किलो गेहूँ का आटा और चौथाई चम्मच मेथी पाउडर मिलाकर रोटी बनायें। इससे ऊर्जा के साथ अंत:स्रावी रसों (हारमोन्स) का सन्तुलन भी ठीक रहेगा। रागी के आटे का प्रयोग करें कैल्शियम, लौह और फाइबर पर्याप्त मिलेगा।

वात वर्धक चीज़ें न खायें। लेसेदार चीज़ें वात वर्धक होती हैं। उड़द, राजमा, सफ़ेद चने, दही आदि न लें। सर्दियों में नसें सिकुड़ जाती हैं। अत: गर्म जल का ही प्रयोग करें। इससे नसें फैलेंगी और रक्त संचार सही रहेगा। पानी में तुलसी, अदरक, कच्ची हल्दी, लौंग, और इलायची उबालकर प्रात: सायं एक कप पियें, लाभकारी होगा। ऋतु फल अवश्य लें ये आवश्यक विटामिन्स और खनिज प्रदान करते हैं। चिकनाई युक्त पदार्थ दूध, दही, घी, खोया, गुड़ आदि लाभकारी हैं।

विरुद्ध आहार

स्वाद के चक्कर में हम एक साथ ऐसी चीज़ें खा लेते हैं जो एक-दूसरे के विरुद्ध होती है इससे बचना चाहिए।

दूध के साथ न लें : नमकीन, खट्टा, मूली, कटहल, मांस, मछली, तरबूज, खरबूजा, सलाद, आँवला, अनार, उड़द आदि।

दूध के साथ गुड़ ले सकते हैं पर गुड़ घोलकर दूध न लें। नेपाल व बंगाल में दूध भात का चलन है। देश काल के अनुसार हर जगह दूध भात न लें। गर्म चावल के साथ दही न लें।

मकोई के साथ शहद न लें।

केले के साथ मठ्ठा (छाछ) न लें।

रात में दही, मूली न लें।

रात में नाशपाती न लें कफ बढ़ेगा। कफ वर्धक होने के कारण काली मिर्च के साथ लें। साथ में लवण भास्कर चूर्ण लें। सममात्रा में शहद और घी न लें। विषाक्त होगा। जितना पुराना घी होगा शहद के साथ उतना ही विषाक्त होगा।

खिचड़ी और दूध विरुद्ध है। खिचड़ी के साथ दूध या खीर न खायें। भोजन के बाद सलाद विरुद्ध है वात बनेगी। अतः सलाद भोजन से पहले लें। अन्न देर से पचता है और सलाद जल्दी। नीचे अन्न रहेगा और पचा हुआ सलाद ऊपर तो और वात बनेगी इसलिए सलाद पहले लें।

खट्टे और मीठे फल एक साथ न लें व न खायें क्योंकि दोनों के लिए अलग-अलग एंजाइम्स चाहिए पचाने के लिए। दाल को पचाने के लिए एसिड चाहिए साइट्रिक एसिड युक्त नींबू लें। लेकिन लौकी के साथ नींबू नहीं लें।

स्टार्च को पचाने के लिए क्षार चाहिए जो मुँह के लार से मिलती है। स्टार्च के साथ खट्टी चीज़ न लें जो एसिडिक हैं। खट्टी चीज़ लेने से स्टार्च पचेगा नहीं। पेट में गैस बनेगी।

फल हमेशा खायें उसका जूस न लें। सब्ज़ियों का जूस लें।

भुनी आलू और भुनी शकरकन्द पौष्टिक होती है। सलाद हमेशा भोजन के पहले लें बाद में लेने से गैस बनेगी। भोजन के साथ भी ले सकते हैं पर भोजन के बाद कभी नहीं।

अधिक खा लेने पर

कभी भी हम कोई चीज़ अधिक खा लेते हैं और वह जल्दी हज़म नहीं होती तो बेचैनी होने लगती है क्या करें–

अधिक खायी वस्तु के लिए	उपाय (उत्प्रेरक)
1. मूली अधिक खा लेने पर	मूली के पत्ते चबा लें या तिल चबा लें
2. बेसन की चीज़ें हज़म करने के लिए	मूली के पत्ते खा लें
3. आम हज़म करने के लिए	जामुन खा लें
4. जामुन के लिए	आम खा लें या थोड़ा सा नमक मिला पानी
5. मटर के लिए	सोंठ व अदरक
6. दाल और अनाज	नींबू
7. इमली	गुड़
8. मूँग, उड़द या चने की दाल	गुड़ या सिरका
9. चॉकलेट	भुना जीरा
10. मक्का	छाछ
11. सूखे मेवे	लौंग चूसें
12. घी	काली मिर्च

13. आम रस	इलायची
14. केला	इलायची
15. अमरूद	नमक और काली मिर्च
16. खरबूज	शरबत
17. तरबूज	काला नमक या लौंग
18. सेब	दालचीनी का टुकड़ा
19. बेर	गुड़ या गन्ना
20. गन्ना	बेर
21. चावल	दही, या गरम दूध या नारियल पानी
22. अण्डा	अजवाइन या हरी धनिया
23. दही	भुना जीरा
24. लहसुन व प्याज	नींबू पानी
25. कटहल	इलायची
26. आलू	नींबू और काली मिर्च

रक्त

भोजन पचने के बाद जो रस बनता है उसे छोटी आँत से शरीर अवशोषित करता है। इसी रस से रक्त, मांस, मेद (फैट) मज्जा, (बोन मैरो) अस्थि, शुक्र आदि सात धातुएँ बनती हैं। रक्त का निर्माण हड्डियों के खोखले भाग में स्थित मज्जा से होता है। यकृत इसमें सहायता करता है।

रक्त में तीन प्रकार की कोशिकाएँ होती हैं–

लाल रक्त कणिकायें (आर.बी.सी.), श्वेत रक्त कणिकायें (डब्लू.बी.सी.) और प्लेटलेट्स। यह तीनों प्लाज़मा नामक द्रव में तैरती रहती है। प्लाज़मा में लिम्फोसाइटस भी होते हैं जो बाहरी तत्त्वों को अन्दर नहीं आने देते और रक्त को रोगाणुओं से सुरक्षित रखते हैं।

लाल रक्त कणिकायें : इनमें लैड तत्त्व की प्रधानता होती है। इसी से लाल रंग होता है। यह शरीर को ऊर्जा देती है। पूरे शरीर में ऑक्सीजन ले जाती है। यदि यह कम हो जाती है तो अंगों को कम ऑक्सीजन पहुँचती है और चक्कर आना, साँस ठीक से न ले पाना, एकाग्रता की कमी, स्ट्रोक और हृदय रोग होते हैं। इनका जीवन चक्र 42 दिनों का होता है और नयी कोशिकायें बनती हैं। मृत कोशिकायें तिल्ली में चली जाती हैं।

श्वेत रक्त कणिकायें : यह रोगों से लड़ने की क्षमता देती है और क्षतिग्रस्त कोशिकाओं की मरम्मत करती रहती है। व्यायाम करने से इनकी संख्या बढ़ती है और व्यायाम वाले अंग में ऑक्सीजन की मात्रा बढ़ जाती है। वहाँ यदि सूजन है तो कम हो जाती है। इनकी आयु 5 दिन की होती है।

प्लेटलेट्स : यह रक्त जमाने का कार्य करते हैं। कटने पर रक्त को जमाकर रक्त बहना बन्द कर देती है। डेंगू और कैंसर में इनकी संख्या तेज़ी से गिरने के कारण ही जीवन खतरे में हो जाता है।

लिम्फोसाइटस : यह रोग प्रतिरोधक क्षमता बढ़ाते हैं। मज्जा, बोन मैरो में स्टेम सेल होते हैं जो रक्त कोशिकाएँ और प्लेटलेट्स बनाते हैं। प्लेटलेट्स की कमी से रक्त स्राव नहीं रुक पाता है इसे थ्रोंबोसाइट कहते हैं। यह डेंगू मरीजों में अधिक देखा जाता है क्योंकि डेंगू के वायरस प्लेटलेट्स को जल्दी-जल्दी खत्म करते हैं। प्लेटलेट्स की सामान्य संख्या .5 लाख से 4.5 लाख तक मानी गयी है। पपीता, नारियल पानी, गिलोय जूस प्लेटलेट्स बढ़ाते हैं। अधिक हीमोग्लोबीन रक्त को गाढ़ा करता है जो थक्का बनने का कारण हो सकता है। त्वचा होंठ, नाखूनों का पीला पड़ जाना रक्त में प्राणवायु (ऑक्सीजन) की कमी बताता है। रक्त समस्या आने पर नाखूनों का रंग बदलता है।

काले वाले नाखून – एनीमिया यानी रक्त की कमी।

नीले नाखून – फेफड़ों की समस्या

पीले नाखून – लीवर की समस्या

अनार रक्त की कमी जल्दी दूर करता है।

रक्त जिस अंग में नहीं पहुँचेगा वह अंग दर्द से पीड़ित होगा।

यही बीमारी कहलाती है। ठीक वैसे की खेत के जिस भाग में पानी नहीं पहुँचेगा। वहाँ फसल सूख जायेगी। रक्त का परिचरण ठीक से होता रहे इसके लिए व्यायाम आवश्यक है। शीर्षासन, सर्वांगासन लाभकारी है। दौड़ना तेज़, टहलना, साइकिल चलाना स्वास्थ्य के लिए अच्छा है।

रक्त चाप

धमनियों में रक्त का दबाव रक्त चाप कहलाता है। स्वस्थ शरीर का रक्त चाप 120/80 होता है। 140/90 बार्डर लाइन माना जाता है। लगातार 140 से ऊपर और लगातार 90 से ऊपर हो तो उच्च रक्त चाप कहा जाता है। लगातार 70 से नीचे हो तो निम्न रक्त चाप कहलाता है। 120/80 एम.एम./एच.जी. आदर्श रक्त चाप है। अधिक चिकनाईयुक्त और अधिक कार्बोहाइड्रेट लेने पर और श्रम की कमी होने के कारण भोजन ठीक से पचता नहीं और आम बनता है। यही आम धमनियों की अन्दरूनी सतह पर जम कर मार्ग सँकरा कर देता है और धमनियों को कड़ा। इससे रक्त प्रवाह के लिए हृदय को अधिक ज़ोर लगाना पड़ता है और रक्त चाप बढ़ जाता है। आम ही ट्रिगली सराइट है जो लीवर में बनता है। इसे ही कोलेस्ट्रॉल कहते हैं। उच्च रक्त चाप के लक्षण– चक्कर आना, सिरदर्द, मितली, छाती में दर्द, ग़ुस्सा आना, अँगूठों में दर्द, धुँधलापन, गर्दन के पीछे दर्द होना आदि।

उपाय : 1. उच्च रक्त चाप में सेंधा नमक लें। इसका पोटैशियम समुद्री नमक के सोडियम को कम करता है।

2. अधिक चिकनाई और कार्बोहाइड्रेट, अधिक कैलारी वाला भोजन न लें।

3. तली मैली चीज़ें न खायें।

4. योग और व्यायाम करते रहें। प्राणायाम बहुत लाभकारी है।

5. अर्जुन की छाल 3 ग्राम और दालचीनी 3 ग्राम पानी में उबालें और छानकर पियें।

6. खाली पेट लहसुन की एक कली पानी से लें।

7. लहसुन पीस कर शहद से मिलाकर लें यदि मधुमेह नहीं है तो।

8. सेब का सिरका एक चम्मच पानी में मिलाकर लें।

9. प्याज का रस एक चम्मच जरा सी हींग डालकर पानी से लें।

10. ठण्ड से बचें ताकि रक्त का थक्का न बने।

11. चिकित्सक से परामर्श लें तनाव न पालें।

निम्न रक्त चाप

यह अधिक घातक हो सकता है। चक्कर आना, विशेषकर बिस्तर से उठते समय।

1. चक्कर आने पर एक कप कॉफ़ी लें।

2. दूध में हल्दी और दो बूँद शिलाजीत लें।

3. तिल, अदरक, तुलसी का सेवन करें।

4. रक्त की कमी से बचने के लिए किसमिस, मुनक्का, अनार, गाजर, चुकन्दर, अश्वशिला लें।

हृदय

पसलियों के बीच बायीं ओर हमारा हृदय स्थित है। यह शरीर में रक्त की पम्पिंग लगातार करता है और दिन में 10,0000 बार धड़कता है। पुष्ट मांसपेशियों से बना मुट्ठी के आकार का होता है और वात इसकी धड़कने चलते रहने में मदद करती है।

हृदय की बीमारी घातक मानी गयी है। क्योंकि क्षण भर में इसका धड़कन बन्द हो सकता है और आकस्मिक मृत्यु हो सकती है। सीने में जलन, एड़ी, टखनों में सूजन बढ़ा हुआ, रक्तचाप, बढ़े हुए कोलेस्ट्रॉल, कन्धों और विशेषकर बायीं बाँह में दर्द हृदय रोग के लक्षण हैं।

हृदय के लिए रक्त का पतला होना आवश्यक है। कोलेस्ट्रॉल अधिक नहीं होना चाहिए क्योंकि वह सूख कर धमनियों की भीतरी सतह पर जमकर रक्त प्रवाह का मार्ग सँकरा कर देता है। जिससे हृदय को पम्पिंग के लिए अधिक काम करना पड़ता है।

1. रात को दो कली लहसुन को भिगो दें प्रात: काटकर पानी से निगल लें हृदय तन्त्र को लाभ होगा। भीगा लहसुन मुँह से बदबू नहीं आने देता। सूखा भी ले सकते हैं। कोई हानि नहीं।

2. अनार का सेवन करें यह धमनियों को अन्दर से साफ़ करता है। मधुमेह वाले 2-3 चम्मच दाने ही खायें।

3. लौकी का जूस लें! लौकी का सूप अधिक लाभकारी है। लौकी, काली मिर्च 2-3 और अदरक का रस से सूप बनायें।

4. 10 ग्राम अर्जुन की छाल, 3 ग्राम दालचीनी, 400 एम.एल. पानी में उबालें चौथाई यानी 100 एम.एल. रह जाने पर छानकर पी लें। अर्जुन की

छाल हृदय की मांसपेशियों को मजबूत करती है। किडनी स्टोन और लीवर भी ठीक करती है। मधुमेह में लाभकारी है।

5. एक चम्मच प्याज का रस शहद से लें।

6. ट्रिग्ली सराइड कम करने के लिए एक चम्मच सेब का सिरका पानी मिलाकर प्रात: खाली पेट लें। जामुन और सेब का सिरका हृदय के लिए अच्छा है। सेब का सिरका यूरिक एसिड भी ठीक करता है।

7. नियमित हल्के व्यायाम करें, टहलें। साइकिल चलायें गति में ही प्रगति है।

8. हृदय रोगी सर्वांगासन, शीर्षासन न करें। सूक्ष्म व्यायाम करें। सभी प्राणायाम भी लाभकारी होंगे। नींद पूरी लें।

9. हृदय रोगियों के लिए नींबू, चकोतरा और अनार बहुत लाभकारी है।

नींबू कोलेस्ट्रॉल को पिघला देता है और रक्त वाहिनियों को खोल देता है। चकोतरा यही कार्य और अधिक दक्षता से करता है। पिघला कोलेस्ट्रॉल लीवर में चला जाता है। नींबू का रस रक्त वाहिनियों में जमा कैल्शियम को गलाकर रक्त मार्ग में ले आता है और धमनियों का मार्ग चौड़ा हो जाता है। पिघला कैल्शियम रक्त द्वारा अपने स्त्रोतों से हड्डियों में पहुँच कर उन्हें मजबूत करता है। पपीता, गाजर, आम में कैरोटीन की मात्रा अधिक होती है जो धमनियों में वसा (खराब वसा एल.डी.एल.) को जमने नहीं देता। इससे हृदय रोग से बचाव होता है और हृदय की मांसपेशियाँ मजबूत होती हैं।

यकृत (लीवर)

लीवर शरीर का बहुत ही महत्त्वपूर्ण अंग है यह शरीर का रासायनिक कारखाना है जो तमाम तरह के रसायन हारमोन्स और इन्जाइम्स पैदा करता है। जो चयापचय में महत्त्वपूर्ण भूमिका निभाता है।

लीवर की कुछ बीमारियाँ हैं जैसे फैटीवियर, हेपाटाइटिस, लीवर सिरोसिस आदि। पीलिया (जॉन्डिस) भी लीवर का रोग है। अधिक चिकनाई का प्रयोग करने से, तलामला खाने से चिकनाई की परतें एक के ऊपर एक जमती जाती हैं और लीवर सुस्त पड़ जाता है अत: चिकनाई का प्रयोग कम करें। चिकनाई श्रम करने से ही हज़म होती है अत: व्यायाम करें, टहलें, एक पाद पश्चिमोत्तानासन से लीवर और किडनी दोनों पर प्रभाव पड़ता है। जो लीवर के लिए अच्छा है। कपालभाति प्राणायाम करें।

हेपेटाइटिस : यह रोगाणुओं (वायरस) के कारण होता है। प्रदूषित जल और भोजन से बचें। हेपेटाइटिस बी का टीका लगवायें वायरस संक्रमण से बचायेगा।

सिरोसिस : ऊपर के रोगों से संक्रमित होने पर लीवर धीरे-धीरे सिकुड़ने लगता है लीवर का आकार छोटा होने लगता है। उसकी कोशिकाएँ नष्ट होने लगती हैं और लीवर कड़ा हो जाता है। यहाँ तक कि अन्त में कैंसर (कर्क रोग) भी हो सकता है। उल्टी, रक्त की कमी, काले रंग का मल आना, त्वचा का पीला पड़ना, भूलना आदि लक्षण दिखाई पड़ें तो रक्त की जाँच करायें और चिकित्सक से सम्पर्क करें।

पीलिया रोग में मूली और उसके पत्तों का रस, गन्ने का रस, लौकी व तरोई बिना हल्दी के हल्की सब्ज़ी ले सकते हैं। नारियल पानी, अरण्ड के पत्तों का रस 25 एम.एल. दोनों समय लें।

लीवर को कड़वी चीज़ें (तीखी नहीं) जैसे करेला, नीम पसन्द है। ये लीवर के लिए उत्तम है। सेब का सिरका भी लीवर के लिए रामबाण है। सूखा आँवला पाउडर 1-1 चम्मच पानी से लें लीवर ठीक रहेगा और क्षतिग्रस्त लीवर भी ठीक होगा। गाजर, चुकन्दर, अनार का रस भी लीवर ठीक रखता है।

जीरा, धनिया, सौंफ, मेथी और अजवाइन इन 5 मसालों को पानी में उबाल लें छानकर यह पानी पियें।

बाह्य प्राणायाम करें बहुत लाभकारी है लीवर के लिए।

श्वास बाहर फेंककर रोक लें और ठुड्डी कण्ठ कूप में लगा लें (जलंधर बन्ध), हथेलियाँ एक के ऊपर एक गोद में रख लें मल द्वार को ऊपर की ओर खीचें (मूल बन्ध) और नाभि के नीचे पेट को अन्दर खींच लें (मणिपुर बन्ध)। इस प्रकार तीनों बन्ध लगाकर कुछ देर रुकें गर्दन सीधी कर साँस ले लें। ठुड्डी कण्ठ कूप में लगायें (जलंधर बन्ध)।

पीलिया : यह लीवर के गर्म होने का रोग है अत: ठण्डी चीज़ें लें। रात को ओस में रखी हुई मूली खायें। आँवला, गन्ने का रस, मूली का ख़ूब प्रयोग करें। अरण्ड के पत्ते का रस आधा कप पिलायें तीन दिन में रोग ठीक हो जायेगा। तीन दिनों तक रागी या ज्वार की रोटी ही खिलायें गेहूँ की नहीं। चने के आटे की रोटी भी खा सकते हैं। पीलिया रोग में मरीज को छींक नहीं आती। ठीक वैसे ही जैसे बुख़ार में पसीना नहीं आता यदि छींक आ गयी तो समझें पीलिया ठीक हो गया।

श्वास और फेफड़े

हमारे शरीर को प्रतिक्षण प्राणवायु की आवश्यकता रहती है। प्राणवायु यानी ऑक्सीजन, हम फेफड़ों से ग्रहण करते हैं। हमारी पसलियों के पिंजरे में दायीं ओर और बायीं ओर एक-एक फेफड़ा सुरक्षित रहता है। बायीं ओर के फेफड़े के साथ इस पिंजरे में हृदय भी सुरक्षित रहता है।

फेफड़ों में वायु नासिका से लेरेनिक्स और ट्रेकिया से होकर जाती है जहाँ नासिका रोम धूल के कण रोकते हैं। तथा आगे फेफड़े के अनुकूल नमी और ताप बनाते हैं। फिर फेफड़ों में वायु का प्रवेश होता है। फेफड़े में सबसे अन्त की इकाई अलवियोली होती है। जो गुब्बारे की तरह होते हैं। जहाँ कार्बन डाइऑक्साइड और ऑक्सीजन (प्राणवायु) का आदान-प्रदान होता है। श्वास तन्त्र शरीर की कोशिकाओं को ऑक्सीजन देता है ताकि कोशिकाओं में चयापचय (मेटाबालिज्म) हो सके। साथ ही कोशिकाओं से अशुद्धि के रूप में मौजूद कार्बन डाइऑक्साइड को बाहर निकालता है। फेफड़ों में रक्त कोरोनरी धमनी द्वारा हृदय से आता है और कोरोनेरी शिरा द्वारा शुद्ध रक्त हृदय में पहुँचा दिया जाता है। इस प्रकार फुफ्फुस (लंग्स) से अशुद्ध रक्त को शुद्ध करके ऑक्सीजनयुक्त कर हृदय में पहुँचाता है। यही शुद्ध रक्त पूरे शरीर में अंग-प्रत्यंग को पहुँचा दिया जाता है। फेफड़ों को स्वस्थ रखने के लिए अनुलोम विलोम प्राणायाम, भस्त्रिका प्राणायाम बहुत लाभकारी है। शंख फूँकें। फेफड़ों में समस्या आने पर दूध, घी बन्द कर दें। च्यवनप्राश के साथ दूध ले सकते हैं। दूध में छोटी पीपल या दालचीनी या हल्दी डालकर लें। तीनों एक साथ भी डालकर ले सकते हैं। इससे कफ नहीं बनेगा जो कमजोर फेफड़ों में बनता है। पुदीना सत (पिपरमिन्ट) या कपूर या अजवाइन उबले पानी में डालकर लेने से कफ का शमन होगा और फेफड़े साफ़ होंगे।

त्रिकुटा चूर्ण : सोंठ, पीपल, काली मिर्च, सम मात्रा में (खाली पेट) दोनों समय 1/2-1/2 चम्मच गुनगुने पानी से लें मधुमेह नहीं है तो शहद से भी ले सकते हैं। फेफड़े साफ होंगे। साथ ही में कोई एलर्जी है तो वह भी दूर होगी। दूध हल्दी में शिलाजीत शतावरी लें।

फेफड़ों में थक्के जम गयें हों तो 1 या 2 ग्राम हल्दी गुनगुने पानी से लें। फेफड़ों की समस्या के दौरान ठण्डा पानी न पियें। तुलसी के पत्ते के साथ पानी उबाल कर गुनगुना पियें लाभ होगा। दही व छाछ का प्रयोग न करें। पोटैशियम की कमी श्वास की बीमारी लाती है। पका केला, अदरक का रस, नारियल का ताजा पानी एक साथ मिलाकर सप्ताह में 2-3 बार लें लाभ होगा। केले में तथा नारियल पानी में पोटैशियम भरपूर होता है। अदरक फेफड़ों का प्रदूषण दूर करती है।

सेब और आँवला भी फेफड़ों के लिए वरदान है। च्यवनप्राश में आँवला की प्रधानता होती है। आँवले का विटामिन C फेफड़ों की कार्य क्षमता बढ़ाता है। पोषण देता है। सेब धरधराहट दूर करता है। दमा होने पर पीपली शहद से लें दोनों समय 1/2-1/2 चम्मच। दमा ठीक होगा।

थायराइड

यह गले में श्वास नली के ऊपर तितली के आकार का एक ग्लैंड होता है। कुछ-कुछ सिंघाड़े के आकार सा दिखता है। यह एक महत्त्वपूर्ण ग्रन्थि है जो चयापचय पर नियन्त्रण रखती है। इससे थायरॉक्सिन नामक हारमोन निकलता है जो हमारे शरीर के सभी हारमोन्स पर नियन्त्रण रखता है। कह सकते हैं कि यह हमारे शरीर का चयापचय का नियन्त्रण केन्द्र है। यदि अधिक थायरॉक्सिन निकलता है तो इसे हाइपर थायरायड कहते हैं। यदि कम निकलता है तो हाइपो थायरायड कहते हैं। हाइपर में वजन घटता है और हाइपो में वजन बढ़ता है। यह पहचान है दोनों अवस्थाओं की। थायराइड, पैदा हुए बच्चों के मस्तिष्क को बढ़ा भी देता है। यानी दिमाग की ग्रोथ भी करता है। हाइपर की अवस्था में हृदय की धड़कन भी बढ़ती है। हाइपो होने पर आँख के गोलक बाहर की ओर निकले हुए प्रतीत होते हैं। बार-बार पेशाब आता है। हाइपो में मोटापा, तनाव और सुस्ती रहती है। रक्त संचरण धीमा हो जाता है। थायरॉक्सिन शरीर के तापमान को भी नियन्त्रित करता है। बालों को ठीक रखता है। धातुओं को ठीक रखता है। यदि चयापचय (मेटाबालिज्म) कमजोर होगा तो धातुएँ भी क्षीण होंगी और शरीर कमजोर होगा, अतः थायरायड सही रखना होगा।

थायराइड में गड़बड़ी होने पर अमरूद के पत्ते उबालकर उस पानी से गरारे करें। दिखाई देने वाला गले की सूजन जिसे घेन्धा कहते हैं। ठीक होगा।

तनाव से दूर रहें तनाव दूर करने के लिए शलभ आसन करें इससे गुस्सा भी कम होगा।

ऋतु आने पर चार-पाँच बार सिंघाड़े खायें। आयोडीन की कमी प्राकृतिक रूप से दूर होगी।

आयोडीन की कमी से यह रोग होता है।

1. रात में भिगोये धनिये के पानी को प्रातः खाली पेट लें।

2. अलसी, मुलैठी, नारियल का प्रयोग करें। एलोवेरा के जूस में नींबू मिलाकर प्रातः खाली पेट लें। हरी धनिया पीसकर पानी में घोलकर 2-3 बार पियें।

सोते समय 3 ग्राम अश्वगन्धा पाउडर दूध से लें। हल्दी 1/2 चम्मच मिला सकते हैं।

3. सूर्य नमस्कार, उज्जायी प्राणायाम, सिंहासन बहुत लाभकारी है। थायराइड ठीक करने के लिए।

4. धनिया पाउडर 3 हिस्से, मेथी पाउडर एक हिस्सा, आँवला पाउडर एक हिस्सा, और चुटकी भर सहजन (मोरिंडा) का गोंद मिलाकर भोजन से पहले एक गिलास पानी से एक छोटा चम्मच लें लाभ होगा।

रोग प्रतिरोधक क्षमता

हम जो भोजन करते हैं उसमें अनपचा जो पदार्थ बचता है वह विषाक्त पदार्थ फ्री रैडिकल्स के रूप में शरीर के यहाँ-वहाँ पहुँचता रहता है यही विषैला पदार्थ जहाँ जमा हो जाता है रोग उत्पन्न करता है।

इससे बचने के लिए वनस्पतिक आहार लें। फलों का सेवन करें जिनसे फोलिक एसिड, फ्लेवोनाइड्स प्राप्त होता है जो इन विषाक्त पदार्थों को बाहर करते हैं। ग्रीन टी यही काम करती है। इसमें एंटी ऑक्सीडेंट्स तत्त्व होते हैं। वनस्पति आहार से मैग्नीशियम, फाइटोरसायन, फाइबर, विटामिन सी और बी प्राप्त हो जाते हैं। फोलिक अम्ल में भी भरपूर होते हैं। यह सब विषाक्त पदार्थ को शरीर से बाहर करते हैं।

रसम जो दक्षिण भारत का मुख्य भोजन अंश है वह भी अदरक, लहसुन, प्याज, इमली के कारण रोग प्रतिरोधक क्षमता बढ़ाता है।

चने में रोग प्रतिरोधक क्षमता बढ़ाने के तमाम तत्त्व मौजूद हैं। ब्रोकली बहुत अच्छी है।

शहद, मूँग की दाल, पालक, चुकन्दर लें। च्यवनप्राश, गिलोय जूस लें। दो दिन रोटी छोड़ दें। फल और सब्जियों के जूस पर रहें रोग प्रतिरोधक क्षमता बढ़ जायेगी।

रोग प्रतिरोधक क्षमता कमजोर होने पर बार-बार बीमार हो जाना छोटी-मोटी बीमारी लगे रहना, दूसरों से नजदीकी पर इन्फेक्शन पकड़ लेना, वर्षा होने पर ठण्ड लग जाना, कमजोरी आदि लक्षण हैं।

बाहर से प्राप्त की गयी रोग प्रतिरोधक क्षमता

टीकाकरण बाहर से प्राप्त रोग प्रतिरोधक क्षमता है। वह रोग प्रतिरोधक क्षमता है जिसे एक ख़ास वायरस से लड़ने के लिए बनाया गया है। जैसे कोविड-19 कोरोना वायरस से लड़ने के लिए। पोलियो उन्मूलन, चेचक उन्मूलन (बी. सी.जी.), हिप्थीरिया, हेपेटाइटिस आदि के टीके बनते हैं। इसका असर धीमा होता है। पर शरीर में लम्बे समय तक काम करता है। शरीर की रोग प्रतिरोधक क्षमता बढ़ा दी जाये तो दोबारा रोग उत्पन्न नहीं होंगे। आयुर्वेद इसी रोग प्रतिरोधक क्षमता को बढ़ाने के लिए स्नेहन, स्वेदन, वमन, विरेचन, वस्ति, नस्य व रक्त मोक्षण आदि क्रियाएँ की जाती हैं। शरीर व मन के विकृत दोषों को बाहर निकाला जाता है। जिससे दोबारा रोगों की उत्पत्ति न हो। वस्ति 80 प्रकार के वात रोगों को दूर करती है। नस्य क्रिया से सिर में स्थित दोषों को नाक मार्ग से बाहर निकाला जाता है। वमन से कई प्रकार के कब्ज दूर किये जाते हैं। रक्त मोक्षण से शरीर के दूषित रक्त को बाहर निकाला जाता है। इन सब क्रियाओं से इम्यूनिटी बढ़ती है।

खाँसी

खाँसी आधारणीय वेग है। इस वेग को रोकने से खाँसी और बढ़ती है। गले में, नाक में, श्वसन तन्त्र में श्लेष्मा की झिल्ली (म्यूक्स झिल्ली) होती है। वात दोष होने से यही बलगम (श्लेष्मा) यानि कफ सूख जाता है और सूखी खाँसी होती है। वात दोष होने से यही बलगम कफ बन जाता है। खाँसने पर भी कफ नहीं निकलता। प्रदूषित वायु, धुआँ से भी सूखी खाँसी हो सकती है। क़ई बार जुकाम की दवा लेने पर जुकाम तो ठीक हो जाता है पर सूखी खाँसी शुरू हो जाती है। ठण्ड के दिनों में ठण्डी वायु भी कफ को सूखा देती है और सूखी खाँसी होती है। खाँसने पर भी कफ नहीं निकलता। कफ अधिक बन रहा हो तो 1-1 बूँद नींबू का रस दिन में 3 बार नाक में डालें तो सारा कफ बाहर आ जायेगा।

1. सरसों का तेल, गले व छाती में मलें तो खाँसी ठीक हो जाती है।

2. 2-2 लौंग, काली मिर्च उबाल कर एक कप पानी पियें।

3. एक चम्मच घी गर्म करें एक कप दूध में छौंक कर पियें।

4. तुलसी के 4-5 पत्ते, थोड़ी-सी मुलेठी, काली मिर्च, सोंठ उबाल कर पियें। त्रिकुटा चूर्ण (सोंठ, काली मिर्च, पीपली) नाक गले में श्वास तन्त्र को शक्ति देता है।

5. सोंठ, काली मिर्च, छोटी इलायची, लौंग, दालचीनी का सम भाग चूर्ण बना लें। 1-1 चम्मच शहद से चाट लें। प्रात: और सायं दो बार बलगम (कफ) ठीक होगा और सर्दी जुकाम नहीं रहेगा।

6. छाती पर अदरक, लहसुन, प्याज और हल्दी पेस्ट लगायें जकड़न दूर होगी और सर्दी भी।

7. आँवला पाउडर पानी में उबालकर धीरे-धीरे पीयें बलगम आना बन्द होगा और गला भी ठीक होगा।

8. प्रात:काल खाली पेट 4-4 बूँदें गाय का घी भी नाक में डालें। गले में खरांश, टानिन्स है तो अदरक, लहसुन, प्याज का पेस्ट गले में लेप की तरह लगायें और ऊपर से पट्टी बाँधें। ठण्डा पानी, आइसक्रीम, खटाई से बचें।

त्रिकुटा चूर्ण, सोंठ, पीपली, काली मिर्च, सम मात्रा में आधा-आधा चम्मच शहद से चाटें, दोनों समय।

द्राक्ष (काली मिसमिस) खजूर का सेवन करें यदि मुँह में छाले पड़ जायें तो इन्हें सूखा न खायें पानी में रात को भिगो दें प्रात: खा लें तासीर ठण्डी हो जायेगी।

धूप

हम सभी जानते हैं कि हमारे शरीर के लिए अति आवश्यक प्राकृतिक विटामिन डी, धूप से ही प्राप्त होती है। जो अस्थियों के लिए आवश्यक है। विटामिन डी भोजन से प्राप्त कैल्शियम को पचाती है। धूप से मन भी प्रसन्न रहता है क्योंकि हैप्पी हारमोन का स्राव आज्ञा चक्र (भूमध्य) के ठीक पीछे हिप्पोथैलमस से होता है। जिसे सेरोटानिन कहते हैं। इस वजह से मानसिक रोग, चिन्ता, तनाव, डिप्रेशन (अवसाद) और उदासी आदि दूर रहते हैं। बदली के दिन उदासी छा जाती है। सभी ने अनुभव किया है।

विटामिन डी : मांसपेशियों को भी शक्ति देता है तथा धमनियों में निकलने वाला स्राव (हारमोन) भी बढ़ता है, जिससे रक्त प्रवाह ठीक रहता है। मांसपेशियों का दर्द ठीक होता है।

धूप से रोग प्रतिरोधक क्षमता भी बढ़ती है। कीटाणु व वायरस नष्ट होते हैं। इस तरह कई तरह के रोगों से छुटकारा मिलता है। अर्थराइटिस, याददाश्त की कमी, शुक्राणुओं की शुद्धता आदि में लाभकारी है। प्रोस्टेट के हारमोन्स में सुधार आता है। सूर्योदय होने पर आठ मिनट के भीतर सूर्य का त्राटक (अपलक) सूर्य को निहारना जब तक आँसू न आ जायें करने से नेत्रज्योति बढ़ती है।

धूप स्नान करके गोरी त्वचा वाले त्वचा को साँवला करते हैं। पर उगते सूरज में धूप स्नान से त्वचा का रंग निखरता है और त्वचा में चमक आती है। त्वचा में निखार आ जाता है। सौन्दर्य बढ़ता है।

धूप स्नान करने का समय जाड़ों में 10-11 बजे का ठीक है और गर्मियों में 8 बजे तक। धूप स्नान से पहले पानी अवश्य पी लें क्योंकि जो जल पसीने के रूप में निकलने वाला है उसकी पूर्ति हो जायेगी। उदित सूर्य श्रेय: अर्थात उगता सूर्य श्रेयस्कर है। अत: प्रात: काल का समय ही धूप स्नान के लिए चुनें। आधा घण्टा धूप अवश्य लें।

जल

जल औषधि या सन्तु : पानी औषधि है। पानी में इतनी शक्ति है कि वह हर प्रकार के रोग को ठीक कर सकता है और यह कोई दुष्प्रभाव भी नहीं छोड़ता है। पेट दर्द हो, कमर दर्द हो, घुटनों का दर्द हो सभी में गर्म पानी और ठण्डे पानी का प्रयोग होता है। पेट में गैस हो, सूजन हो, गर्म पानी और ठण्डे पानी की पट्‌टी का प्रयोग करें आराम मिलेगा। मूत्र रुकने पर नाभि के नीचे पेडू पर ठण्डे पानी की पट्‌टी का प्रयोग करें अवरोध ख़त्म हो जायेगा। दिन भर में 7-8 गिलास पानी पियें। कम पानी पीने से शरीर की धुलाई नहीं हो पाती अत: ख़ूब पानी पियें पर बहुत ज़्यादा पानी भी न पियें इससे किडनी पर बोझ पड़ेगा। साथ ही चयापचय में सहायक इन्जाइम्स भी पतले हो जायेंगे, और अपना कार्य नहीं कर पायेंगे। उदाहरण के लिए पेट में भोजन के टुकड़े करने के लिए हाइड्रोक्लोरिक एसिड निकलता है। भोजन के साथ पानी पी लेंगे तो वह एसिड पतली हो जायेगी और अपना काम नहीं कर पायेगी। दूसरे इलेक्टोलाइट भी काम नहीं कर पायेंगे। इस तरह पाचन कमजोर हो जायेगा। छना हुआ पानी पियें। इसमें खनिज तत्त्व होना चाहिए। आर.ओ. वाटर में रिवर्स आसमोसिस के कारण बहुत तत्त्व निकल जाते हैं। इन तत्त्वों की पूर्ति के लिए गाजर, लौकी, चुकन्दर, खीरा आदि लें।

गर्म पानी

दिन में दो बार गर्म पानी पीना चाहिए। यह गुनगुना होना चाहिए बहुत गर्म नहीं अन्यथा पेट के अच्छे कीटाणु मर जायेंगे। दो बार से अधिक भी न पियें। पहला प्रात: उठते ही दो गिलास घूँट-घूँट कर पियें। इससे मल विसर्जन ठीक होगा। दूसरी बार सोने से पहले। इससे थकान मिटेगी और नींद अच्छी आयेगी।

लाभ

1. पानी उबालकर पीने से पाचन तन्त्र ठीक रहता है और मजबूत होता है। चयापचय ठीक होने से भोजन के पोषक तत्त्व पूरे शरीर को मिलते हैं।

2. रक्त संचार ठीक होता है, रक्त चाप ठीक रहता है और हृदय को कम ख़तरा। यह रक्त वाहिकाओं को फैलाकर रक्त संचार सुगम करता है।

3. केन्द्रीय नाड़ी तन्त्र ठीक करता है।

4. वजन कम करता है और शरीर का तापमान सही रखता है।

5. मांसपेशियों में आराम देता है, थकान मिटाता है, अच्छी नींद लाता है। शरीर में दर्द है तो गर्म पानी पी लें आराम मिलेगा।

6. जोड़ों में सूजन कम करता है (खड़े होकर पानी पीने से दर्द बढ़ता है।)

7. प्रात: के पानी में नींबू शहद मिला लें मोटापा भी कम होगा। पानी हमेशा पंजों के ऊपर बैठकर उठी एड़ियों के साथ पियें।

भोजन स्वादिष्ट तभी लगता है जब भूख अच्छी लगी हो। हारमोन, घ्रेलिन भूख बताता है और हारमोन लेप्टिन पेट भरा होने का एहसास कराता है। इसके लिए भोजन से आधा घण्टे पहले जल पियें। पाचन भी दुरस्त होगा।

सोने से पहले एक गिलास जल पीने से हृदयाघात से बचेंगे।

एलर्जी

किसी बाह्य चीज़ के प्रति हमारे शरीर की प्रतिक्रिया एलर्जी कहलाती है। यह धूल पराग, धुआँ, ठण्ड किसी प्रकार का खाद्य आदि किसी से हो सकती है।

ठण्ड की एलर्जी : 5 काली मिर्च, 5 बादाम चबायें या हल्का पाउडर बनाकर देशी शक्कर (खाण्ड) के साथ लें। एसिडी वाले काली मिर्च न लें और मधुमेह वाले खाण्ड न लें। ठण्ड की एलर्जी दूर होगी। गला ख़राब है तो 10-12 पुदीने की पत्तियाँ उबालें एक कप पानी में आधा रह जाये तो छानकर चाय की तरह पी लें।

आँखों की एलर्जी : त्रिफला जल से नेत्र धोयें। त्रिफला जल को किसी पात्र में लें और उसी में आँखें खोलें और बन्द करें।

नाक की एलर्जी : इस एलर्जी में नाक बन्द हो जाती है सरसों की तेल की बूँद डालें इससे नाक बन्द नहीं होगी। कफ का प्रकोप होने से नाक बन्द होती है उज्जायी प्राणायाम करें। उज्जायी प्राणायाम करने के लिए गले को भींचकर गले से श्वास भरें। ठुड्डी कण्ठ कूप में लगा लें और थोड़ी देर रोकें। फिर दायीं नासिका बन्द कर बायीं से छोड़ दें। इससे फेफड़े की एलर्जी ठीक होगी श्वास रोग ठीक होगा। उज्जायी प्राणायाम की एक बार 5 आवृत्ति करें। बन्द नाक वाले पुदीना सूँघें।

पेट की एलर्जी : डकार आना, पेट की एलर्जी का लक्षण है। सौंफ, धनिया, जीरा और सोंठ का चूर्ण डकार ठीक करेगा। कफ अधिक बन रहा हो तो अन्न छोड़ दें और खजूर, मुनक्का व काले अंगूर व काली किसमिस का कल्प करें। केवल चने की रोटी लें।

फेफड़ों की एलर्जी : घी, सरसों का तेल, या तिल के तेल में एक चम्मच अलसी भून लें। उसे कूटकर आधा कप उबलते पानी में डाल दें साथ

में तुलसी के 4-5 पत्ते और अदरक भी। चाय बन जायेगी छानकर इसे शहद मिलाकर पी लें। श्वास व कफ ठीक होगा। दमा की बीमारी भी ठीक होगी।

पानी में शिलाजीत की कुछ बूँदें और तुलसी के पत्ते डालकर उबाल लें वही पानी पियें।

सभी तरह की एलर्जी से बचने के लिए साबूत हल्दी की गाँठ भून लें और इसका चूर्ण बना लें। प्रातः सायं आधा चम्मच शहद से लें।

विटामिन

विटामिन ए : यह टमाटर, गाजर, शकरकन्द, शिमला मिर्च, कद्दू, आम, सभी पीले फलों और हरी सब्जियों से प्राप्त होता है।

विटामिन ए की कमी से आँखों की समस्या रतौन्धी यानि रात्रि में देखने की शक्ति कम होती है। विटामिन ए आँखों की कार्निया स्वस्थ रखता है। कमी होने पर त्वचा रोग, थकान, नेत्रों का सूखापन, सूजन, दाँतों की परेशानी, मूत्र में संक्रमण और श्वसन प्रणाली में संक्रमण देखा जाता है। खरबूजे में विटामिन ए अच्छी मात्रा में पाया जाता है।

विटामिन बी : यह कई तरह के होते हैं विटामिन बी-1, बी-2, बी-6, बी-12, आदि शरीर को पोषण देते हैं।

विटामिन बी की कमी से बेरी-बेरी रोग होता है। बेरी-बेरी शब्द लंका का है यानि कमजोरी।

विटामिन बी-12, हमारी बड़ी आँत में भी बनती है। पशु उत्पादों मांस, अण्डा, मछली और दूध में प्रचुर मात्रा में पाया जाता है। सहजन की पत्ती उबाल कर पीने से विटामिन बी-2 व विटामिन-12 की कमी दूर होती है। बी-12 की कमी से भूलने की बीमारी, अवसाद, चिड़चिड़ापन, गुस्सा आदि होते हैं। थकान व कमजोरी, कब्ज, झुनझुनी, सन्तुलन रखने में दिक़्क़त, लड़खड़ाहट आदि लक्षण दिखाई देते हैं। रक्त की कमी हो सकती है। जिससे तन्त्रिका तन्त्र की पोषण की कमी होने से लड़खड़ाहट आती है।

दही : यह प्रोबायटिक है इसमें मौजूद अच्छे बैक्टीरिया प्रतिरक्षा बढ़ाते हैं और संक्रमण से बचाते हैं। कुछ हानिकारक बैक्टीरिया पाये जाते हैं जो ज़रा सा नमक दही में मिलाने से नष्ट हो जाते हैं।

विटामिन सी

यह खट्टे रसदार फलों से प्राप्त होता है, नींबू, सन्तरा, आँवला, आदि इसके उत्तम स्रोत हैं। विटामिन सी खाद्य रस से प्राप्त लौह धातु का अवशोषण करता है। यह हमें सर्दी, खाँसी, जुकाम आदि से बचाता है तथा रोग प्रतिरोधक शक्ति विकसित करता है।

विटामिन सी हारमोन कार्टिसाल का स्राव कम करके तनाव घटाता है।

विटामिन के : यह शरीर की कोशिकाओं को कार्य की शक्ति देता है। तन्त्रिकाएँ मजबूत होती हैं। जिससे मांसपेशियों के संचालन में आसानी होती है। विटामिन के हृदयगति को विनियमित करता है, यह रक्त जमाने में मदद करता है।

विटामिन ई : यह तनाव दूर करता है। नींद अच्छी लाता है। विटामिन ई की कमी से तनाव, त्वचा में रूखापन आता है। विटामिन ई शरीर की त्वचा को सुन्दर और स्वस्थ रखता है। यह फलों और वनस्पति के आहार से हमें प्राप्त होता है। सौंफ में प्रचुर मात्रा में विटामिन ई होता है। हमारे शरीर को पूरे पोषक तत्त्व प्राप्त होते रहें इसके लिए हमें खाद्य के रूप में चाहिए।

कार्बोहाइड्रेट : शरीर के निर्माण के लिए, प्रोटीन मांसपेशियों की ऊर्जा के लिए चाहिए।

खनिज : सूक्ष्म तत्त्वों की पूर्ति के लिए।

विटामिन : रोगों से लड़ने के लिए।

साबूत अनाज जटिल कार्बोहाइड्रेट है। यह रक्त में ऊर्जा धीमी गति से छोड़ता है और हैपी हारमोन्स सैरोटोनिन को बढ़ाता है।

विटामिन बी-6 : यह दालों और पत्तियों से सब्ज़ी से मिलता है। ऊर्जा देता है।

विटामिन डी : विटामिन डी की कमी से मांसपेशियों में दर्द, त्वचा का काला पड़ना, गफलत रोग होता है।

विटामिन डी हारमोन की तरह भी कार्य करता है जैसे कैल्शियम को पचाने के लिए विटामिन डी जरूरी है। सूर्य के प्रकाश में बैठने से, धूप सेंकने से त्वचा द्वारा विटामिन डी मिलता है। हरी सब्ज़ियों से भी विटामिन डी प्राप्त

होता है। मिला-जुला अनाज भी विटामिन डी का स्रोत है। सूखे मेवे से भी प्राप्त होता है। सोयाबीन, अलसी, पालक, गोभी, सफ़ेद सेम की फली, पनीर, भिण्डी और सन्तरे से भी विटामिन डी प्राप्त होता है। चौलाई विटामिन डी से भरपूर होती है। विटामिन डी कैल्शियम सोखता है और हड्डियों तक पहुँचाता है। इसकी कमी से हड्डियाँ कमजोर होते भुरभुरी हो जाती है और थोड़ी सी चोट पर टूट भी जाती है। क्योंकि कैल्शियम की कमी से उनका घनत्व कम हो जाता है। बच्चों में विटामिन डी की कमी से हड्डियाँ मुलायम हो जाती हैं और पैर टेढे हो जाते हैं। जिसे हम रिकेट की बीमारी कहते हैं। भुरभुरी हड्डियाँ ही आस्टोपौरेसिस है। विटामिन डी रोग प्रतिरोधक शक्ति को बढ़ाता है। विटामिन डी की कमी से मुँह सूखना, स्वाद में कमी, अवसाद, निराशा, अकेलापन, त्वचा की खुश्की, खुजली आदि रोग होते हैं। विटामिन डी वसा में घुलनशील है। विटामिन डी की अधिकता भी हानिकारक है क्योंकि यह धमनियों की दीवारों में जमकर रक्त प्रवाह का मार्ग अवरुद्ध करता है। जिससे हृदयाघात, ब्रेन, स्ट्रोक का खतरा बढ़ता है। अत: बिना चिकित्सक की सलाह के विटामिन की गोलियाँ न लें। विटामिन डी एलर्जी से लड़ने की क्षमता देता है।

विटामिन बी-9 : यह विटामिन पानी में घुलनशील है इसे फालिक एसिड भी कहा जाता है। पानी में घुलनशील होने के कारण यह हमें नित्य के भोजन से भी मिल जाता है। इसका कार्य है शरीर की क्षतिग्रस्त कोशिकाओं की मरम्मत करना। नई कोशिकाओं को बनाता है।

विटामिन बी-9 की कमी होने पर थकान, सुस्ती, कमजोरी, अनियमित धड़कन, सिर दर्द, साँस फूलना, वजन घटना, मुँह में छाले, दस्त आदि होते हैं। हरी पत्ते वाली सब्ज़ियों में, ब्रोकली में, मूँगफली, मेवा, समुद्री खाद्य में, खट्टे फलों में, जैसे सन्तरा, चकोतरा आदि में, अण्डों में विटामिन बी-9 पर्याप्त मात्रा में मिल जाता है। बाहर से लेने की आवश्यकता नहीं पड़ती है।

हारमोन्स

थायरॉक्सिन : यह गले में स्थित थायराइड ग्रन्थि से निकलता है और चयापचय में मदद करता है। नवजात शिशु में मस्तिष्क की वृद्धि करता है। बालों को ठीक रखता है। सभी धातुओं को ठीक रखता है। अन्त:स्रावी रसों का चयापचय करता है।

प्रोटेस्टिक हारमोन : पुरुषों में प्रोस्टेट ग्रन्थि से निकालता है। शुक्राओं की रक्षा करता है और उसके वहन में भी सहायक होता है।

एण्डार्फिन : यह प्रसन्नता लाने वाला हारमोन है। मस्तिष्क से स्राव होता है।

ऑक्सीटोसिन : यह हारमोन प्रसन्नता लाता है। सम्बन्धों को मज़बूती देता है। बुजुर्गों में अधिक होता है। तभी तो दादा-दादी का स्नेह मिलता है। पति-पत्नी का प्रेम भी यही बढ़ाता है। इसीलिए इसे लव हारमोन कहते हैं।

लैक्टोज : यह छोटी आँत से निकलता है और दूध में मौजूद शर्करा लैक्टोज को पचाता है। बच्चों में यह अधिक मात्रा में निकलता है और उम्र के साथ घटता जाता है।

कोर्टिसोल : इसे मैसेंजर हारमोन भी कहा गया है। इसका काम शरीर के विभिन्न अंगों को सन्देश पहुँचाते रहना है। यह भी तनाव के लिए जिम्मेदार माना जाता है। इसकी वृद्धि से चिन्ता, दु:ख, उच्च रक्तचाप आदि होते हैं। किसी प्रियजन की मृत्यु हो जाने पर कोर्टिसोल का रिसाव बढ़ जाता है। इसका अधिक स्राव मैलाटोनिन हारमोन का स्राव बाधित करता है। इससे नींद की कमी होती है।

डोपामाइन : इसे फील गुड हारमोन भी कहा जाता है। जब कोई सकारात्मक सूचना मिलती है या आप प्यार में पड़ते हैं तब डोपामाइन का स्तर बढ़ जाता है, अत: हँसते रहिए।

ग्रोथ हारमोन : पिटियूरी ग्लैंड मस्तिष्क से निकलता है उसे ग्रोथ हारमोन कहते हैं व्यक्ति की लम्बाई इसी से नियन्त्रित होती है।

मैलाटोनिन : मस्तिष्क में पीनियल ग्रन्थि में बनता है इसे स्लीप हारमोन कहते हैं। मैलाटोनिन आँखों में नींद भरने के लिए और रक्त चाप को नियन्त्रित करने के लिए जरूरी है यदि आप दर्द से पीड़ित हैं या तनाव ग्रस्त हैं तो स्ट्रेस हारमोन कोर्टिसाल का स्राव अधिक होगा और यह मैलाटोनिन का स्राव आधिक करेगा।

डी.एच.ई.एस : यह एड्रीनल ग्लेंड से निकलता है। व्यायाम क्षमता, सक्रिय जीवन शैली और सामाजिक सम्बन्ध निर्धारित करता है। याददाश्त दुरुस्त करता है। यह हारमोन बच्चों में ज़्यादा निकलता है और 80 वर्ष की आयु आते-आते 10 प्रतिशत ही रह जाता है। तनाव दूर करता है। पाचन ठीक रखता है।

टेस्टेरान : जिस तरह महिलाओं में मीनोपाज होती है उसी तरह पुरुषों में ऐंड्रोपाज होता है। चालीस वर्ष की आयु के बाद हारमोन टेस्टेरान का बनना कम होने लगता है। इसका निर्माण टेस्टीज में होता है। इसके घटने पर मनुष्य में चिड़चिड़ापन, जल्दी-जल्दी मिजाज बदलना, याददाश्त में कमी, हड्डियों और मांसपेशियों में कमजोरी आती है। विकिरण भी एक कारण है अत: पैन्ट की जेब में मोबाइल न रखें।

जोड़ों का दर्द

हमारी हड्डियाँ विभिन्न खनिजों जैसे कैल्शियम, फास्फोरस व प्रोटीन से बनी हैं। इन तत्त्वों की कमी होने पर हड्डियाँ कमजोर होने लगती हैं और आयु के साथ अर्थराइटिस रोग पकड़ लेता है और जोड़ों में दर्द शुरू हो जाता है। विटामिन डी की कमी से कैल्शियम हड्डियों में अवशोषित नहीं होता। धूप में बैठने से विटामिन डी शरीर स्वयं बना लेता है। पर हम धूप में नहीं बैठते। आयु के साथ कार्टिलेज की चिकनाई भी सूखती है। घुटनों के बीच मुलायम गद्दी कार्टिलेज सूख जाती है और रगड़ से घुटनों में दर्द होता है। मांसपेशियाँ भी सूख जाती हैं। जिससे उनमें दर्द होने लगता है और जोड़ों के आस-पास सूजन आ जाती है। आम सूखकर जोड़ों में जमा हो जाने से भी दर्द का कारण बनता है। लगातार झुककर कम्प्यूटर पर काम करने से गर्दन की हड्डियों के बीच अन्तर बढ़ जाने से सरवाइकल स्पॉन्डिलोसिस हो जाती है और गर्दन में दर्द रहने लगता है। बीच-बीच में रीढ़ और गर्दन सीधा करते रहना चाहिए।

नमक व चीनी कम खायें। डिब्बा बन्द चीज़ें न खायें। नमक चीनी की अधिकता से मूत्र के साथ यूरिक एसिड निकलने लगता है। शुगर के मरीज में बढ़ा हुआ ग्लूकोज़ सूजन बढ़ाता है और चयापचय खराब करता है। जिससे विटामिन डी की कमी हो जाती है। तनाव पालने से हारमोन कोर्टिसोल निकलता है। जो हड्डियों पर प्रतिकूल प्रभाव डालता है। महिलाओं में रजोनिवृत्ति होने पर इस्ट्रोजन हारमोन असन्तुलित होकर हड्डियों पर प्रतिकूल असर डालता है। व्यायाम न करने से हड्डियाँ कमजोर हो जाती हैं।

रीढ़ की हड्डी के 5 अंग

गर्दन के पीछे : सरवाइकल - 7 मनके (वर्टिब्रा)

छाती के पीछे : थोरेक्स - 12 मनके

कमर के नीचे : लम्बर - 5 मनके

पेट के पीछे : सेक्रेल - 5 मनके

अन्त में : कोसिक्स - 4

इन मनकों के बीच का गैप भी दर्द का कारण बनता है। इनके बीच की कोमल गद्दी खिसक कर किसी नाड़ी को धकेल रही होती है उस पर दबाव बना रही होती है जैसे साइटिका का दर्द। ऊँचा तकिया न लगायें।

जोड़ों के दर्द में तिल के तेल की मालिश सबसे अधिक लाभदायक है क्योंकि इसमें कैल्शियम काफ़ी मात्रा में होता है।

कैल्शियम की कमी होने पर पान में खाया जाने वाला चूना एक चावल के दाने के बराबर पानी से 6-7 दिन लेने से कैल्शियम की पूर्ति हो जाती है। बिना चिकित्सक की राय के कैल्शियम की गोली न लें क्योंकि यह धमनियों की अन्दर की सतह पर जाकर जम जाती है और रक्त प्रवाह को अवरुद्ध करती है। मानसिक तनाव न पालें। अधिक व्यायाम या कम व्यायाम जोड़ों के दर्द का कारण बनता है। किसी जोड़ पर यूरिक एसिड जमा हो जाने पर भी दर्द बढ़ता है। रीढ़ की हड्डी की सूजन से स्पॉन्डिलोसिस, साइटिका और चक्कर आने की शिकायत होती है।

खड़े होकर पानी पीने से जोड़ों का दर्द बढ़ता है।

1. गठिया : जब शरीर में यूरिक एसिड के क्रिस्टिल बन जाते हैं और जोड़ों पर जमा हो जाते हैं तब जोड़ों पर असहनीय दर्द बनता है। जोड़ों के दर्द में पोटली की सिकाई करें। कढ़ाई में बालू को गर्म कर लें और उसमें सोंठ पाउडर और सेंधा नमक डालकर, कपड़े की पोटली बना लें और सहनीय ताप पर सिकाई करें इससे वात हटेगी।

2. अजवाइन और मेथी को पानी में उबालें। उस पानी की भाप को जोड़ों पर डालें।

3. हल्दी, मेथी, मीठी, सुरंजन, सोंठ और अश्वगन्धा, का सम मात्रा का चूर्ण बना 1-1 चम्मच दोनों समय लें। अलसी भूनकर 1-1 चम्मच पानी से दोनों समय लें। कोई एक उपाय अपनाएँ।

4. गठिया के साथ मधुमेह और रक्त चाप भी है तो गुड़मार, मीठी सुरंजन, मेथी, कलौंजी, सोंठ, भुनी अलसी का सम मात्रा का चूर्ण बना लें जीरा भी मिला सकते हैं। यदि सब चीज़ें 50-50 ग्राम की हैं तो इसमें 25 ग्राम काला नमक भी मिला लें। 3-3 ग्राम दिन में 3 बार लें। गठिया, मधुमेह, रक्त चाप नियन्त्रण में रहेंगे। गठिया ठीक होगी।

5. दूध में हल्दी, शिलाजीत (4 बूँद) सोते समय लें।

6. तिल के तेल में जायफल डालकर गर्म करें। जोड़ों पर, कमर में मलें दर्द ठीक होगा। अजवाइन और लहसुन भी डाल लें अधिक लाभ होगा।

7. खट्टी चीज़ें छोड़ दें कब्ज न होने दें।

8. फिटकरी और हल्दी उबालकर जोड़ों पर भाप की सिकाई करें।

जोड़ों के दर्द में हल्दी, लहसुन आदि प्राकृतिक स्टेराइड का काम करते हैं। प्राकृतिक स्टेराइड हड्डियों को मजबूत करते हैं, जबकि रसायन युक्त स्टेराइड हड्डियों को कमजोर करते हैं। साथ ही मधुमेह उत्पन्न करते हैं।

कपालभाति घुटनों के दर्द में फायदेमन्द है क्योंकि इससे रक्त प्रवाह ठीक रहता है। प्रोटीन, कैल्शियम और लौह तत्त्व यदि पूरी मात्रा में मिलते रहें तो घिसा हुआ कार्टिलेज (गद्दी) भी बन जाता है। कपालभाति और अनुलोम विलोम प्राणायाम से स्टैम कोशिकाएँ फिर से बन जाती हैं।

वातारि चूर्ण : हल्दी, मेथी और सोंठ की सम मात्रा का चूर्ण लें। यह वात रोगों के लिए बहुत उपयुक्त है। इससे अधिकतर, वात जन्य रोग 90 प्रतिशत तक ठीक हो जाते हैं। 1-1 चम्मच दोनों समय पानी से लें। चाहें तो इसमें अश्वगन्धा चूर्ण भी मिला लें।

अस्थिगत वात, नसों के वात और नाड़ी गत वात रोग ठीक होंगे। मीठी सुरंजन दर्द के लिए बहुत लाभकारी है। पर एक ग्राम से अधिक न लें। वरना हानि होगी। यह पेन किलर है। मांसपेशियों के दर्द में दूध में हल्दी या अश्वगन्धा या सुरजंन लें।

मूँगफली के दाने के बराबर कुचला लेने से भी लाभ होगा। कुचला भी दर्द निवारक है। यह मूत्र की थैली को भी शक्ति देता है और बार-बार मूत्र त्याग रोकता है।

सरवाइकल स्पॉण्डिलाइसिस

हमारी रीढ़ की हड्डी का गले का क्षेत्र सरवाइकल क्षेत्र है और रीढ़ की पहली सात कशेरुकायें (वर्टिब्रा) इसी क्षेत्र में आती हैं। इसी क्षेत्र के मांसपेशियों में अकड़ाहट कशेरुकाओं के बीच गैप नस दबना, आदि से गर्दन के पीछे का दर्द सरवाइकल स्पॉण्डिलाइसिस कहलाता है। गर्दन घुमाना कठिन हो जाता है।

लगातार झुक कर काम न करें। कम्प्यूटर पर कार्य करते समय रीढ़ सीधी रखें। वातकारक बादी वाली चीज़ें न खायें। गर्दन में तिल के तेल की मालिश करें। हाट बाटल या गर्म पानी में तौलिया भिगोकर सिकाई करें। कब्ज से बचें। तनाव से दूर रहें। ग्रीवा शक्ति विकासक क्रिया करें। कन्धों तक तख्त पर लेटकर सिर को थोड़ी देर के लिए लटकायें। हथेलियों को कनपटी पर रखकर बारी-बारी से एक-दूसरे को विपरीत दबायें।

डिस्क : रीढ़ की हड्डियों के बीच की गद्दी यदि खिसक जाये तो किसी नस को दबाकर दर्द, सुन्नापन, झुनझुनी पैदा करेगी। शरीर के उस अंग में जहाँ वह दबी हुई नस जाती है। वात ही इसके लिए ज़िम्मेदार मानी जाती है। वात ही उस डिस्क को सूखा देती है। जिससे वह बाहर आ जाती है। यदि आम वहाँ पहुँच जाये और सूख कर जम जाये तो भी दर्द का कारण बनता है। अधिक वजन उठा लेने पर भी स्लिप डिस्क हो जाती है अत: क्षमता से अधिक वजन कभी न उठायें। ज़्यादा मामले इसी कारण आते हैं और कमर दर्द बन जाता है। बादी वाला भोजन न लें अन्यथा वात की वृद्धि होगी। तख्त पर सोयें मुलायम बिस्तर पर नहीं। बालू की पोटली से सेक करें। भाप सिकाई करें। हल्के हाथों से तेल की मालिश करें। दर्द निवारक मेथी, हल्दी और सोंठ का चूर्ण लें।

वृक्क

किडनी हमारे शरीर से विषाक्त पदार्थ को बाहर निकालने में महत्त्वपूर्ण भूमिका निभाती है। यह पेट में पीछे की ओर पीठ से लगी दो किडनियाँ लोबिया के आकार की होती है। ये 9 सेंटीमीटर लम्बी होती है। इसके ख़राब होने पर पैरों और चेहरे पर सूजन आ जाती है। यह ख़राब किडनी के प्राथमिक लक्षण हैं। पैदल चलने में साँस फूलना, बार-बार मूत्र त्याग की इच्छा होना, थकान, मूत्र त्याग में जलन, मूत्र में झाग, मितली ये सब ख़राब किडनी के लक्षण हैं। शरीर में रक्त की कमी दिखाई पड़ने लगती है। मूत्र के साथ प्रोटीन एल्ब्यूमिन जाना, मूत्र में दुर्गन्ध आदि अन्य लक्षण हैं। मूत्र परीक्षण करायें और चिकित्सक की सलाह लें किडनी रोग में। ग्यारह लाख फिल्टर (नेफ्रान) होते हैं। जो रक्त से अशुद्धि छानकर अलग करते हैं। यदि किडनी टेढ़ी हो जाये या सिकुड़ कर सात सेंटीमीटर हो जाये तो यह घातक हो सकता है। यूनिनरी ट्रेक की बीमारी रुके हुए मूत्र में बैक्टीरिया के कारण हो जाती है और मूत्र रोक पाना कठिन हो जाता है। पथरी बन सकती है।

उपाय : खट्टा, तीखा, अम्लीय भोजन त्यागें, पानी पर्याप्त पियें, दाल कम कर दें। प्रोटीन कम हो जायेगी। हरी सब्ज़ियाँ लें। दही न लें। नमक कम कर दें। शीघ्र लाभ होगा।

कुलथ की दाल रात को भिगो दें। प्रात: पानी छानकर पी लें दाल पकाकर खा सकते हैं। पथरी नहीं होगी। पथरचट्टा के 3-4 पत्ते खाली पेट चबायें। पथरी गल जायेगी। गोखरू का पानी भी किडनी के लिए बहुत लाभकारी है।

मूत्र में क्रिटिनाइन का स्तर 0.09 से 1.2 मिलीग्राम होना चाहिए। सर्पगन्धा, ब्राह्मी, लौकी और पेठा का सेवन करें। किडनी को शक्ति मिलेगी लौकी और

पेठा को पीसकर लुगदी बना लें। इस लुगदी को गाय के घी में जीरा, अजवाइन और हींग डालकर छौंक लें। नमक सेंधा ही डालें, किडनी स्वस्थ होगी। कभी कभार पीपल के पत्ते का और नीम के पत्ते का रस लें, किडनी के फिल्टर सही रहेंगे। इसके लिए मकई का सेवन करें। किडनी में दर्द बना रहता है तो बबूल के काँटे पानी में उबाल कर छान लें वह पानी पियें दर्द में आराम मिलेगा। मूत्र त्याग की तीव्र इच्छा होती है तो करौंदा का सेवन करें। जौ का पानी पियें। पत्तों समेत मूली खाने से पथरी नहीं बनेगी। प्रोटीन निकल रहा है तो गिलोय, गोखरू और आँवला लें। दर्द निवारक रासायनिक दवायें किडनी खराब करती हैं। दर्द निवारण के लिए अलसी भूनकर गुड़ के साथ प्रयोग करें किडनी फेल नहीं होगी। मूत्र न आ रहा हो तो अपामार्ग और चिरायता का सेवन करें। किडनी की पथरी बाहर करने के लिए बथुआ रस (10-15 मिलीलीटर) एक चम्मच शहद से लें बथुये का काढ़ा लाभकारी है।

प्रोस्टेट

पुरुषों के मूत्र में थैली (यूरिनरी ब्लैडर) के ठीक नीचे यह एक एक्जोक्राइन ग्लेंड (ग्रन्थि) है और अखरोट की साइज की दायीं और बायीं यूरेथ्रा के पास होती है। यह मांसपेशीय ग्रन्थि है और प्रोस्टेटिक तरल का निर्माण करती है जो शुक्राणुओं की रक्षा करता है और उसके वहन में भी सहायक होता है। यह पुरुषों में प्रजनन अंग का एक भाग है। साधारणतया प्रोस्टेट का वजन 18-20 ग्राम होता है। पर आयु के साथ वजन में वृद्धि होती है और आकार भी बढ़ जाता है। इससे यूरेथ्रा और यूरिनरी ब्लैडर पर दबाव पड़ता है और मूत्र मार्ग बाधित होता है। जिससे बार-बार मूत्र त्याग के लिए जाना पड़ता है और भी कई समस्याएँ उत्पन्न होती हैं जैसे मूत्र रोक पाने में दिक़्क़त, बूँद-बूँद मूत्र होना, मूत्र त्याग के समय दर्द या जलन, कमर दर्द, नितम्बों में दर्द आदि। पी.एस.ए. बढ़ने से कैंसर होता है। पैरों के टखनों में सूजन हो जाती है। गोखुर का काढ़ा प्रोस्टेट की दिक़्क़त में कारगर है। गोक्षुरादि गुग्गुल बहुत लाभकारी है। इससे पूरा विसर्जन तन्त्र ठीक होता है। गोखुरु और पुनर्नवा का काढ़ा लें। पथरचट्टा के 2-3 पत्ते चबायें। अनार का सेवन करें। यह एंटीआक्सडेंट का काम करता है। ग्रीन टी लें। बदल-बदल कर फल और सब्ज़ियाँ लें। ब्रोकली लाभकारी है। प्रोस्टेट को स्वस्थ रखती है। जैतून का सिरका लाभकारी है। भस्त्रिका प्राणायाम करें। मण्डूक आसन, भुजंग आसन करें। मूल बन्ध और अश्विनी मुद्रा से प्रोस्टेट का व्यायाम हो जाता है।

अश्विनी मुद्रा प्रोस्टेट ग्रन्थियों का व्यायाम है। साथ ही मलाशय का चिपका मल रह बाहर करता है। पशुओं को देखा होगा कि किस प्रकार का मल त्याग के बाद वे गुदा मार्ग को सिकोड़ते और छोड़ते हैं। यही है अश्विनी मुद्रा।

बेल और दही का प्रयोग करें। यह मल को सही रूप देते हैं और हानिकारक बैक्टीरिया (एंटीजन) बाहर करते हैं। मूत्र की थैली में प्रोस्टेट के कारण रुका रह गया मूत्र हानिकारक है और बैक्टीरिया उत्पन्न करता है। इन्हें बाहर करना जरूरी है। अन्यथा किडनी रोग और यू.टी.आई. (मूत्रमार्ग रोग) हो सकता है।

जब भी मूत्र त्याग में किसी तरह का कष्ट हो तो अल्ट्रासोनोग्राम करायें। साथ ही पी.एस.ए टेस्ट भी करा लें। इससे बढ़ा हुआ प्रोस्टेट का वजन और कैंसर होने का पता चल जायेगा। एक तरल पदार्थ जो प्रोस्टेट ग्रन्थि से निकलता है, वह रक्त में मिल जाता है। पी.एस.ए. का स्तर 0-5.5 एम.एम. होता है। आयु के साथ बढ़ जाता है। यदि इसका स्तर 100 एम.एम. पहुँच जायेगा तो हड्डियों का कैंसर भी हो सकता है। प्रोस्टेट कैंसर के परिवार में किसी को पहले हो चुका हो तो चिकित्सक को बतायें। प्रोस्टेट वृद्धि का इलाज लम्बा चलता है। अत: प्रारम्भ से चिकित्सक की सलाह लें।

मधुमेह

आजकल अनियमित जीवनचर्या श्रम की कमी और आराम-तलबी बढ़ती जा रही है जो इस रोग के तेज़ी से विस्तार का कारण है। पैंक्रियास सुस्त पड़ जाता है। इन्सुलिन का स्राव कम होता जाता है। जिससे शरीर में ग्लूकोज़ का पाचन नहीं हो पाता और रक्त में शर्करा की मात्रा बढ़ती जाती है। यह एक घातक रोग है और अपने साथ कई बीमारियाँ लाता है। इन्सुलिन ही शर्करा को पचाकर ऊर्जा में परिवर्तित करती है। शुरुआत की पहचान है प्यास अधिक लगना, बार-बार मूत्र त्याग की इच्छा, भूख अधिक लगना, थकान होना। ये सब संकेत हैं। इसे लाइफ स्टाइल डिसीज़ कहा गया है। यह दो तरह की होती है :

टाइप-1 : शरीर में इन्सुलिन कम बनने से होती है। अग्नाशय ठीक से काम नहीं करता अग्नाशय यानी पैंक्रियाज वंशानुगत भी कमजोर हो सकता है। इसमें बाहर से इन्सुलिन लेनी पड़ती है। टाइप-1 अक्सर बचपन में विकसित होता है।

टाइप-2 : इसमें शरीर में इन्सुलिन तो पर्याप्त बनता है पर कोशिकाएँ उसका उपयोग नहीं कर पाती और भोजन से प्राप्त शर्करा ऊर्जा में नहीं परिवर्तित हो पाती है।

इसमें बाहर से इन्सुलिन नहीं लेना पड़ता है। शर्करा की अन्तिम परिणिती ग्लूकोज़ में होती है। जो सेल्स के माइटोकॉन्ड्रिया में पहुँच कर ऊर्जा में परिवर्तित हो जाती है। टाइप-2 वयस्कों में पाया जाता है। जो इन्सुलिन प्रतिरोध के कारण होता है। तनाव मोटापा भी ज़िम्मेदार है। रोग प्रतिरोधक क्षमता कम होने लगती है। एन्टीजन्स कम बनती है।

मधुमेह के लिए कुछ अन्य उपाय :

1. जामुन के पत्तों में माइरिलिन नामक तत्त्व पाया जाता है। 4-5 पत्तियाँ पीसकर रस लें। शुगर नियन्त्रित हो जाने पर छोड़ दें। ज़ामुन के बीज स्टार्च को ग्लूकोज़ में परिवर्तित होने से रोकते हैं।

2. नीम की पत्ती : नीम की पत्ती ग्लूकोज़ को आँतों द्वारा सोखने से रोकती है। खाली पेट, 1 चम्मच नीम की पत्ती का रस लें।

3. करी पत्ता : इससे मौजूद आयरन, जिंक, और ताँबा, पैंक्रियाज भी बीटा कोशिकाओं को नष्ट होने से बचाते हैं और इन कोशिकाओं को सक्रिय करते हैं। 8-10 पत्तियाँ खाली पेट चबायें।

4. तुलसी पत्ता : यह अग्नाशय की बीटा कोशिकाओं को सक्रिय रखती है। पाचन तन्त्र को दुरुस्त रखती है। 2-4 पत्तियाँ खाली पेट चबायें लाभ होगा। गर्भवती महिलाएँ तुलसी पत्ती न लें।

5. गुड़मार : इन्सुलिन का उत्पादन बढ़ाती है और इन्सुलिन की कार्य क्षमता भी बढ़ाती है, इससे ग्लूकोज़ शीघ्र ही ऊर्जा में बदल जाता है। मीठे की तलब भी शान्त करती है। प्रात: खाली पेट 2-3 पत्तियाँ चबायें।

6. आम की पत्तियाँ रक्त में शुगर का स्तर नियन्त्रित करती हैं। पत्तियाँ सुखाकर पाउडर बना लें। भोजन से पहले आधा चम्मच पानी से लें।

7. पपीते की पत्तियों का रस शरीर द्वारा इन्सुलिन के इस्तेमाल होने की क्षमता बढ़ाता है। लीवर व किडनी के लिए भी लाभकारी है। प्रात: पत्ते उबाल कर पानी पी लें।

मधुमेह की चिकित्सा से पहले आवश्यक है दिनचर्या नियमित करें। प्रात: सूर्वोदय से पहले उठें। नित्य कर्म से निवृत्त होने के बाद कम-से-कम तीन किलोमीटर तेज़ चलें। व्यायाम योग सब करें। भोजन में 6 घण्टे का अन्तराल रखें। बीच में भूख लगे तो भुने चने खायें। मीठा, फास्टफूड, कार्बोनेटेड, चावल आदि छोड़ दें। इनके लिए चावल बनाते समय उसमें एक टुकड़ा दालचीनी डाल दें। दालचीनी रक्त को पतला करती है जो रक्त चाप वालों के लिए भी लाभदायक है। दालचीनी इन्सुलिन बनाने में अग्नाशय (पैंक्रियाज) में मदद करती है। जिन्हें मधुमेह की शुरुआत का पता चल जाये वे दूध का प्रयोग बन्द कर दें। अधिक कार्बोहाइड्रेट (अनाज) का प्रयोग करें जैसे गेहूँ, चावल, मोटा अनाज। लाभ होगा।

हरी सब्ज़ियाँ और फल लें। फलों में आम वर्जित है केला भी न खायें। ये दोनों अधिक ग्लाइसेमिक हैं यानी इनमें शर्करा की मात्रा अधिक होती है।

यदि भोजन के बीच 6 घण्टे का अन्तराल नहीं रख पाते तो अपनी खुराक को 5-6 भागों में बाँट लें ताकि छोटे-छोटे भोजन से प्राप्त शर्करा की छोटी-छोटी मात्रा को इन्सुलिन पचा सके। फिर अगले भोजन में भी यही प्रक्रिया दोहरायी जायेगी।

डायबिटीज़ के रोगी टी.वी., मोबाइल आदि का प्रयोग बहुत कम करें क्योंकि मस्तिष्क इनसे जुड़ा रहने के कारण अपना काम ठीक से नहीं कर पाता और सही समय पर सही मात्रा में हारमोन्स नहीं रिलीज कर पाता है। इसमें आँखें भी खराब होती हैं। अधिक मात्रा में रासायनिक दवाओं के उपयोग से किडनी भी ख़राब होती है।

डायबिटीज वाले रोगी क्या करें।

कोई एक उपाय अपना सकते हैं :

1. रात में आधा-आधा चम्मच मेथी दाना और कलौंजी भिगो दें प्रात: खाली पेट चबा लें।
2. करेला और टमाटर का जूस लें इनमें इन्सुलिन होती है।
3. आक (मदार) का पत्ता तलुओं में बाँधें लाभ होगा।
4. कपालभाति प्राणायाम अग्नाशय को जाग्रत करता है।
5. बहुत अधिक देर बैठे न रहें बीच-बीच में उठकर चलें ताकि शरीर का निचला भाग सक्रिय रहे।
6. यदि वजन घट रहा हो तो शतावर तथा अश्वगन्धा लें।
7. नीम, सहजन और सात पत्ते सदाबहार के लेकर रस निकल लें और पियें।
8. गुड़मार बूटी भी शर्करा कम करती है।
9. गाजर, चुकन्दर, मूली, खीरा का जूस लें। मूली, चुकन्दर की शर्करा का प्रभाव नहीं होने देती।
10. योगासनों में से वक्रासन, गोमुख आसन, अर्धमत्स्येन्द्र आसन विशेष लाभकारी हैं। ये आसन पाँच मिनट करें। वक्रआसन, अग्नाशय पर दबाव डालता है। मण्डूक आसन, शशांक आसन और कपालभाति करें लाभ होगा।
11. स्टार्च वाली सब्ज़ियाँ, आलू, शकरकन्द, मटर, सीताफल, मक्का खायें।

याददाश्त

याददाश्त कमजोर होने का मुख्य कारण तनाव है। तनाव न पालें लगातार तनाव में रहने से मस्तिष्क का वह भाग जिसे हम हिप्पोकैम्पस कहते हैं प्रभावित होता है यह वह भाग है जो यादों को सँजोता है। अल्जाइमर एक भूलने की बीमारी है जो बुढ़ापे में होती है। मस्तिष्क की कोशिकाएँ मरने लगती हैं और मस्तिष्क सिकुड़ने लगता है शरीर के अन्य भागों की तरह यह कोशिकाएँ (न्यूरान्स) फिर से जीवित नहीं होतीं। यह प्रक्रिया बहुत धीमी होती है और यहाँ तक पहुँचते-पहुँचते बुढ़ापा आ जाता है। अन्यथा सारी याददाश्त एक साथ मिट (डिलीट) जाती तो सृष्टि ही न चल पाती। इसके लिए मस्तिष्क में ही बनने वाले दो प्रोटीन ज़िम्मेदार हैं।

तॉव और एम्लायड बीटा। हारमोन ऑक्सीटोसिन भूलने की बीमारी की भरपाई करता है। यह दिमाग़ की ख़राब हुई कोशिकाओं को ठीक करता है। दूसरा हारमोन एड्रिनिल है जो तनाव कम करता है। इसका रिसाव यदि कम होने लगे तो तनाव बढ़ता है। तनाव से मन को विश्राम नहीं मिलता और बुद्धि मन के हिसाब से काम करती है इसलिए कमजोर होती रहती है। मनुष्य एक सामाजिक प्राणी है अत: समाज में घुलते-मिलते रहें। हँसी-मजाक करते रहें, अकेले न बैठें। अच्छा संगीत सुनें। आधुनिक गैजेट्स मोबाइल आदि का प्रयोग कम करें। उपवास भी करें। घर में अपने को कैद न करें। पौष्टिक भोजन लें। पर्याप्त पानी पियें।

ब्राह्मी, शंखपुष्पी 2-2 ग्राम दूध से लें। विटामिन बी-12 की कमी न होने दें। चाँदी की भष्म या चाँदी के वर्क का प्रयोग करें। याददाश्त बढ़ाने के लिए रटना लाभदायक है। नाड़ी शोधक प्राणायाम करें। मस्तिष्क में रक्त संचार

होता रहे उसके लिए शीर्षासन, सर्वांगासन करें। बादाम, अखरोट का नियमित प्रयोग करते रहें। फास्ट फूड न लें। अच्छी नींद लें। ध्यान बहुत लाभकारी है। अच्छी याददाश्त के लिए। नाक में बादाम रोगन, गाय का घी, या अणु तेल की 3-4 बूँदें सोते समय डालें। जटामासी का प्रयोग करें। अपने कार्य स्वयं करें। खाली न बैठें। कर्तव्यनिष्ठ व्यक्तियों को कभी मनोभ्रम या अवसाद नहीं होता।

ऑक्सीटोसिन हारमोन मस्तिष्क को सुखी रखने वाला है। इसे लव हारमोन भी कहते हैं। यह हारमोन पति-पत्नियों, बच्चों के बीच सम्बन्ध मजबूत करने में मदद करता है। यह हारमोन बुर्जुर्गों में अधिक पाया जाता है। इससे वे अधिक संवेदनशील, उदार तथा दानशील बनते हैं। इसकी वजह है कि वे अधिक अनुभव वाले होते हैं।

तनाव की स्थिति में एड्रिनल हारमोन का स्राव होता है। जिससे हृदय की गति तेज़ हो जाती है। बी.पी. बढ़ने लगता है। अत: तनाव न पालें।

विटामिन बी, विटामिन ई और ओमेगा फैटी एसिड 3 का प्रयोग करते रहें पानी की कमी न होने दें। धूप सेंकें। अकेले न रहें, लोगों से बातचीत करते रहें। व्यायाम न छोड़ें। याददाश्त ठीक रहेगी।

प्राणायाम करें इससे तन व मन का तालमेल बना रहेगा। सूजन की आशंका न रहेगी। रक्त प्रवाह मस्तिष्क में होता रहेगा। गर्म पानी में नींबू निचोड़ कर भाप लें मस्तिष्क को लाभ होगा।

याददाश्त अच्छी रहे इसके लिए जिज्ञासु बनें। आप में हर चीज़ को जानने की इच्छा बनी रहनी चाहिए। अध्ययन न छोड़ें। समाचार पढ़ें। पत्रिकायें पढ़ें। साथ में महत्त्वपूर्ण सूचनाएँ एक डायरी में लिखते भी रहें फिर समय-समय पर वह डायरी पढ़ें। लिखना-पढ़ना आदत बना लें। यह क्रिया याददाश्त बनाये रखेगी और बुढ़ापा देर से आयेगा। शतरंज, पहेली, कोई कारीगरी अपनायें। ताश खेलें। इन सबसे मस्तिष्क सक्रिय रहेगा। संस्कृत के श्लोक रटें।

मस्तिष्क आघात (ब्रेन हीमरेज) : कैंसर व हृदय रोग के बाद तीसरे नम्बर पर आता है। मस्तिष्क आघात मृत्यु के मामले में।

मस्तिष्क में रक्त चाप अधिक होने से रक्त वाहिका फट जाती है और रक्त का धक्का बनकर मृत्यु का कारण बनती है। रक्त प्रवाह में कोई बाधा आ जाने पर भी यही होता है। मस्तिष्क की कोशिकाओं में ऑक्सीजन की कमी हो जाती है और वे मरने लगती हैं। शुरुआती लक्षण ये हैं–

1. मुस्कुराने पर चेहरा एक ओर लटक जाता है।

2. दोनों हाथ ऊपर नहीं उठ पाते हैं।

3. बोलने पर शब्द स्पष्ट नहीं हो पाते।

4. इन लक्षणों के प्रकट होते ही तुरन्त चिकित्सक से सम्पर्क करें। घर में कोई उपाय न अपनाएँ।

पहले से ही बचाव के रूप में सर्वांग आसन करें। प्राणायाम अपनाएँ। योगासन करते रहें रक्त प्रवाह सही रहेगा।

याददाश्त दुरुस्त रखना है तो कभी उदासी पास न फटकने दें। जीवन का कोई लक्ष्य निर्धारित करें और उसे पाने का भरसक प्रयत्न करते रहें। सफलता तुरन्त नहीं मिलती हताश होकर प्रयास न छोड़ें। कभी न कभी सफलता मिलेगी ही। लक्ष्य निर्धारित होने से भूलने की बीमारी नहीं होगी। लक्ष्य हीन जीवन जीने से ही उदासीनता उपजती है। शतरंज जैसे खेल भी भूलने की बीमारी से बचाते हैं। पहेलियाँ हल करें, क्रास वर्ड में रुचि लें याददाश्त अच्छी रहेगी।

कुछ रटने से भी याददाश्त बढ़ती है, कविता रटें, श्लोक रटें लाभ होगा।

त्वचा

त्वचा हमारे शरीर का सबसे बड़ा श्वसन अंग है, जो रोम छिद्रों द्वारा लगातार ऑक्सीजन लेती रहती है। कफ, पित्त और वात काफ़ी प्रभाव डालते हैं त्वचा पर। कफ वालों की त्वचा सामान्य होती है। पित्त वालों की त्वचा चिकनाई युक्त होती है। सबसे ज़्यादा उपद्रव पित्त ही करता है। रोम छिद्र बन्द कर देता है। फोड़े फुन्सी पैदा करता है। वात वालों की त्वचा रूखी होती है।

हमारी त्वचा की सात परतें मानी गयी हैं। इन परतों में कौन सी परत दूषित हुई है रोग उसी पर निर्भर करता है। मुँहासे, पिम्पल्स, एक्ने पहली परत के दोष हैं। भगन्दर, मल मार्ग के घाव और पानी का रिसाव तथा बवासीर, मलद्वार पर मस्से व रक्त स्राव सातवीं परत के दोष माने गये हैं।

विरुद्ध आहार मुख्य कारण है त्वचा रोगों का जो 18 प्रकार के होते हैं। कफ, पित्त और वात किस परत पर स्थापित हो गये हैं, इस बात पर रोग निर्भर करता है। एक्जिमा, सोरायसिस आदि अलग-अलग परत लेवल पर विकार पहुँचने पर निर्भर करते हैं।

भोजन क्षारीय लें। क्रीम आदि न लगायें इनसे रोम छिद्र बन्द हो जाते हैं और पसीना बाहर नहीं आ पाता। त्वचा दूषित होती है। उबटन त्वचा के लिए उत्तम है। जो रोम छिद्रों को खोलता है।

नींबू रगड़ने से भी रोम छिद्र खुलते हैं। सन्तरे का छिलका सुखाकर पाउडर बना लें। दूध में भिगोकर उबटन की तरह प्रयोग करें। खीरे का रस त्वचा को लाभ देता है। तीखा, आचार, खट्टा आदि अम्लीय खाद्य न लें। इनसे पित्त बढ़ता है।

1. एक्ने, पिम्पल्स में जायफल चन्दन की तरह घिसकर लगायें, हरी धनिया, या पुदीने का पेस्ट लगायें, 3-4 पत्ते शीशम के चबायें। चेहरे पर भाप लें। हल्दी, ग्लिसरीन और फिटकरी की भाप लें।

2. सोरायसिस : यह त्वचा का सबसे कठिन रोग है जो अधिकतर को कोहनियों और घुटनों पर होता है। पूरे शरीर में भी हो सकता है। यूक्लिपटस की छाल की तरह त्वचा उधड़ती है, लाल चकत्ते स्केलिंग के साथ। लम्बा उपचार चलता है। विरुद्ध आहार मुख्य कारण है। सादा आहार लें, प्रसन्न मन रहें। आँवला जूस लें। 2-3 बार दिन में नारियल का तेल लगायें। नीम के पत्ते खाली पेट चबायें। खूब प्राणायाम करें।

सम्प्रति-रोग ने किस वजह से शरीर में प्रवेश किया है, की जानकारी करें। चिकित्सक के पास जायें। अलसी भूनकर 2 चुटकी खाने का सोडा मिलाकर दोनों समय आधा चम्मच लें। आम, बबूल, अशोक के पत्ते उबाल कर पानी ठण्डा कर स्नान करें। दूध से बनी चीज़ें न लें। घी, मिठाई, खटाई बन्द करें।

3. झुर्रिया : कार्बोहाइट्रेड (अन्न) शर्करा युक्त खाद्य जैसे मिठाई, मैदा, सफ़ेद ब्रेड, नुडल्स, आदि रक्त में शुगर की वृद्धि करते हैं। इससे ग्लाकेशन शुरू हो जाता है। यानी शुगर के अणु त्वचा में पाये जाने वाले कोलोजन से जुड़ने लगते हैं और चेहरे पर रूखापन तथा झुर्रिया दिखने लगती हैं। दाग धब्बे भी पड़ने लगते हैं। कोलोजन चेहरे पर चमक और लचीलापन लाता है। इसकी कमी से झुर्रिया पड़ने लगती हैं। रक्त में शुगर का स्तर घटाने के लिए हरी सब्जियाँ, दाल, अंकुरित बीन्स लें। विटामिन सी और ई के लिए सन्तरा, नींबू, नाशपत्ती, स्ट्रॉबेरी लें। ये कोलेजन की सुरक्षा करते हैं। झुर्रियों से बचाती है। बादाम और अखरोट में अच्छी प्रकार की स्निग्धता होती है। अण्डा, अनार, गाजर, खीरा आदि लें।

लहसुन में कार्नोसिन नाम का एमीनो एसिड पाया जाता है। जो शर्करा द्वारा कोलोजन को हानि पहुँचाने से रोकता है। भोजन धीमी आँच का पका हुआ ही सर्वोत्तम होता है। हल्दी, दालचीनी, इलायची, अदरक, लहसुन ग्लाइकेशन की क्रिया को मन्द करते हैं।

4. सफ़ेद दाग : बागची, हींग, और सत कलौंजी का चूर्ण बना लें। 1-1 चुटकी दोनों समय पानी से लें। समय लगेगा लाभ दिखे तो खाते रहें।

5. बागची को रात भर पानी में भिगो कर नरम कर लें। दूसरे दिन पानी बाहर कर दें और बागची के साथ थोड़ा कपूर पीस कर, गोली बना लें और छाँव में सुखा लें। रोज चन्दन की तरह घिसकर सफ़ेद दाग पर लगायें। 3-4 दाने बागची के मुँह में दबाकर चूँसे, मुलायम हो जाने पर खा लें।

स्निग्ध त्वचा : पित्त से आयली त्वचा होती है। समुद्री तटों के लोगों में आयली स्किन अधिक पायी जाती है। इसमें तेल रोम छिद्र को बन्द कर टॉक्सिन्स को बाहर नहीं आने देता। पिम्पल्स, दाग, खारिश, धब्बे आदि दिखाई देते हैं।

मुलतानी मिट्टी घोलकर सूखने तक लगायें। एलोवेरा त्वचा पर मलें। मुलैठी का पानी पियें। पित्त कम होगा और गले की खराश भी ठीक होगी। शकरकन्द आयली स्किन को ठीक करती है।

त्वचा की कोई समस्या आने पर भारी प्रोटीन जैसे मशरूम, बैंगन, पनीर, आदि न लें। कई खाद्य पदार्थों में प्रोबायोटिक्स तथा अन्य रसायन मिलाये जाते हैं जो अन्दर पहुँचकर रक्त को दूषित करते हैं। कई प्रकार के प्रसाधन बाजार में मिलते हैं। उनमें तरह-तरह के रसायन होते हैं। जो हानिकारक हैं और रक्त में जहर घोलते हैं यह सब त्वचा पर रोग के रूप में उभर कर बाहर आते हैं। रक्त शुद्धि के लिए व्रत करें। लाभ होगा।

खुजली : शरीर में बिना किसी प्रकार के दाने या चकत्तों के खुजली होती है तो यह लीवर की खराबी का संकेत है। किसी प्रकार की एलर्जी है। आयुर्वेद में 18 प्रकार की खुजलियाँ बतायी गयी हैं। रूखी त्वचा पर तिल के तेल से मालिश करना चाहिए। तिल का तेल कैल्शियम का धनी होता है। जोड़ों के दर्द और मांसपेशियों के दर्द में भी लाभकारी है। पित्त का प्रकोप बढ़ने पर भी खुजली होती है। खुजली की अनदेखी न करें। यह कई प्रकार का रोग उत्पन्न कर सकती है। किडनी की खराबी का संकेत हो सकता है।

1. खुजली होने पर कपूर मिला हुआ तेल नारियल का लें, उसमें कुछ बूँदें नींबू को निचोड़ कर मालिश करें।

2. 2 चुटकी खाने वाला सोडा एक गिलास पानी में घोलकर दिन में एक बार पियें खुजली 5-6 दिन में ठीक हो जायेगी।

3. नहाने के पहले हल्दी पानी में घोलकर थोड़ी देर लेप लगायें।

वैरिकोज वेन्स

गन्दा रक्त जब सफ़ाई के लिए हृदय की तरफ़ लौटता है तब शिराओं में उसे वाल्वों के बीच से गुजरना पड़ता है। ये वाल्व केवल एक ओर खुलते हैं ताकि गन्दा रक्त वापस न लौट सके और हृदय की ओर ही जाये। जब वाल्व कमजोर पड़ जाते हैं तब शिराओं में गन्दा रक्त जमा हो जाता है। जिससे नीली-नीली शिरायें दिखाई देने लगती हैं। कभी-कभी नीली नसों का गुच्छा बन जाता है और घाव तक हो जाता है। दर्द होता है। चलने-फिरने में कष्ट होने लगता है। वैरिकोज वेन्स में, वेन्स फैल जाती हैं जिससे वाल्व काम नहीं कर पाते।

ऐसे में रक्त शोधन बाहर से करने की आवश्यकता होती है। जोंक या सिंगी द्वारा रक्त मोक्षण किया जाता है।

1. लक्षण प्रकट होने पर प्रातः खाली पेट पत्तों के साथ मूली खायें। सेंधा नमक लगाकर प्रातः खाली पेट मूली औषधि है। दोपहर को भोजन में लें। रात्रि में विष है मूली।

2. पुनर्नवा गिलोय और गोखुरू का काढ़ा पियें। 15 मिनट पानी में खौला लें छानकर पी लें।

3. कपूर, हल्दी, एलोवेरा और नीम की पत्तियों का वैरिकोज वेन्स पर लेप लगायें। मुलतानी मिट्टी भी इसमें घोल लें तब लेप टिका रहेगा।

4. घाव हो गया है तो नीम की छाल का चूर्ण, हल्दी, अपामार्ग (लटजीरा) और मेंहदी के पत्ते पीस लें इसे गाय के घी में तल लें इसी से ड्रेसिंग करें। चोक चीनी की लता की जड़ सुखाकर पीस लें। प्रातः और सायं दोनों समय 3 ग्राम पाउडर पानी से लें। वैरिकोज वेन्स ठीक हो जायेगी। चोक चीनी की जड़ पंसारी के यहाँ से मिल जायेगी।

नींद

अच्छे स्वास्थ्य के लिए नींद बहुत जरूरी है। अधिक-से-अधिक 8 घण्टे नींद ले सकते हैं। 7-8 घण्टे तो अवश्य सोना चाहिए। साथ ही नींद के लिए समय से सोना और उठना नियमित कर लेना चाहिए। रात्रि में 10 बजे तक सो जाना चाहिए। 10-11 के बीच भी सो सकते हैं। इस समय को स्वर्णिम समय कहते हैं। इससे शरीर की घड़ी सही रहती है और हर अंग समय पर काम करता रहता है।

दिन में 20-30 मिनट की नींद ले सकते हैं। इससे अधिक दिन में न सोयें। पावर नैप से थकान दूर हो जाती है। दिन में अधिक सो लेने से रात्रि में नींद अच्छी नहीं आयेगी और अगले दिन थकान होगी। आँखों में नींद भरने के लिए हारमोन मैलाटोनिन ज़िम्मेदार है। यह हारमोन मस्तिष्क के पीनियल ग्लेंड में बनता है। इसे स्लीप (SLEEP) हारमोन भी कहते हैं। यदि आप दर्द से पीड़ित हैं, तनाव में हैं तो हारमोन कार्टिसोल का स्राव बढ़ जायेगा और यह कार्टिसोल हारमोन मैलाटोनिन का स्राव घटा देगा। तब नींद नहीं आयेगी।

अत: तनाव न पालें। नींद लाने के लिए नींद की गोलियों से बचें। इसके दूरगामी परिणाम स्वास्थ्य और नींद के लिए घातक होंगे। मस्तिष्क में यदि वात पहुँच जायेगी तो शुष्की पैदा करेगी, अत: रूखी-सूखी चीज़ें न खायें। श्रम से भागें नहीं। जितना परिश्रमी होंगे नींद उतनी ही अच्छी आयेगी। श्रमिक ज़मीन पर पेड़ के नीचे सो जाता है और भरपूर नींद का आनन्द लेता है। दिन भर नींद आती रहती है तो यह हाइपरसोम्निया कहलाती है। इससे बचने के लिए गुलाब की कुछ पंखुड़ियाँ, मुलेठी, और सौंफ पानी में भिगो दें। दिन भर यही पानी पियें। हाइपरसोम्निया ठीक होगा। मस्तिष्क के दूसरे विकार भी दूर रहेंगे। कफ नहीं बनेगा। हाइपरसोम्निया तो भागेगा ही।

नींद न आने पर क्या करें :

1. घी में भूनकर मखाना रख लें। इसे थोड़े से पोस्ता दाना के साथ दूध में उबाल कर पियें। मस्तिष्क भी मजबूत होगा।

2. गोंद के लड्डू खायें, चुटकी भर दालचीनी दूध में डालकर सोते समय लें।

3. सलाद में फल, गाजर, प्याज लें। एलोवेरा जूस 20 एम.एल. इतने ही पानी में मिलाकर खाली पेट लें। भोजन ताजा ही लें, ब्राह्मी, शंखपुष्पी, जटामासी और सौंफ का सममात्रा का चूर्ण दोनों समय 1-1 चम्मच लें।

4. अनुलोम विलोम, भ्रामरी उद्‌गीत प्राणायाम करें। सर्वांग आसन, शीर्षासन करें। चक्की आसन मोटापा, तो घटाता ही है मन भी शान्त करता है। हथेलियों को एक के ऊपर एक करके पेट पर रखें माथा ज़मीन पर टिकायें इस योगमुद्रा से नींद में लाभ होगा।

5. सोते समय दूध में चुटकी भर दालचीनी, जायफल, हरी इलायची का चूर्ण लें।

खर्राटे : मोटापे से गले और नाक की मांसपेशियाँ कमजोर होती है और श्वसन तन्त्र कमजोर होता है। साथ ही रक्त का प्रवाह मस्तिष्क तक पूरा नहीं हो पाता है और खर्राटे आते हैं।

1. त्रिकुटा चूर्ण शहद से चाटें। गुनगुना सरसों का तेल या अणु तेल, 2-2 बूँद नाक में डालें। चेहरे पर और नाक पर तेल की मालिश करें। हल्दी, जीरा और सोंठ उबालकर, गरारे करें। उज्जायी प्राणायाम करें। सिंहासन करें। गले का व्यायाम करें। बबूल की छाल चूँसें। करवटें बदलते रहें। नींद नहीं आ रही है तो अपना सिरहाना बदल दें। यदि पूर्व की ओर सिर है तो पश्चिम की ओर कर लें। सोते समय पैर गर्म पानी में सेंक लें।

सोते समय पैर दक्षिण की ओर कभी न रखें। पृथ्वी की चुम्बकीय धाराएँ (उत्तर से दक्षिण) और शरीर की चुम्बकीय धाराएँ (सिर पैर) एक ही सीध में आ जायेंगी। यह हानिकारक है। केवल मृतक के पैर दक्षिण की ओर किए जाते हैं ताकि कुछ भी प्राण का अवशेष है तो वह रह न जाये।

सोते समय करवट का भी ध्यान रखो। हमारा आमाशय और हृदय शरीर की बायीं ओर है। दायीं करवट लेटने की स्थिति में ये लटकते रहते हैं। अत: बायीं करवट लेटें ताकि ये दोनों अपना कार्य सुचारू रूप से करते रहें।

छोटी छोटी व्याधियाँ

मुँह का स्वाद चले जाने पर खाली पेट अनार लें।

एलोवेरा, गेहूँ के जवारे का रस, खाली पेट लें।

आवाज़ बन्द हो जाने पर सिंहासन करें, अश्वगन्धा लें शहद से।

प्राण शक्ति चले जाने पर जल नेति करें। सरसों का तेल, या गाय का घी 3-4 बूँद नाक में डालें। अणु तेल, षड बिन्दु तेल भी डाल सकते हैं। शक्ति क्षीण होने पर अश्वगन्धा, सफ़ेद मूसली, शतावर लें, लीवर कमजोर होने पर भूमि आँवला, पुनर्नवा और मकोई लें।

पित्ताशय पथरी 2-3 पत्ते पत्थरचटा के चबाकर खायें गाल ब्लैडर की पथरी चूर होकर निकल जायेगी।

गैंगरीन विधारा के पत्ते बाँधे।

सूजन कहीं भी हो तो भूमि आँवला, मकोई, पुनर्नवा लें। त्रिफला चूर्ण लें। यह सूजन मिटाता है और रोग प्रतिरोध क्षमता भी। ब्लीडिंग अधिक हो रही है, पीरियड के दौरान तो शीशम के पत्तों का रस मिश्री मिला कर लें।

1. खाँसी : लौंग हल्की सी भून लें और दो लौंग खाँसी आने पर चूँसें।

2. सोंठ : बड़ी इलायची और काली मिर्च का चूर्ण शहद में मिला कर शहद से चाटें। कफ भी निकल जायेगा।

बाल सफ़ेद हो रहे हैं तो नारियल का तेल, में गुड़हल के पत्ते उबालकर रख लें। ठण्डा हो जाने पर यही तेल बालों में लगाया करें।

स्मरण शक्ति 2-3 काली मिर्च, एक चम्मच घी, एक चम्मच शक्कर मिलाकर कुछ दिन लें।

याददाश्त कमजोर हो रही है तो ब्राह्मी, शंखपुष्पी, 2-3 ग्राम दूध से लें। नाड़ी शोधन प्राणायाम करें। सूक्ष्म श्वास क्रिया में सीधे पैरों को मिलाकर खड़े हो जायें। हाथ जाँघों के बगल में रखें। दृष्टि 4-5 फीट की दूरी पर अधखुली आँखों से रखें और गहरे सास प्रश्वास लें।

हरी सौंफ, मिश्री और गरी सम मात्रा में दिन में 3 बार लें।

सिस्ट (रसौली)

जब वसा कहीं किसी अंग में जमा हो जाती है तो वहाँ गाँठ बन जाती है आम पाचक चूर्ण लाभ देगा।

ओवरी में गाँठ है तो 20 एम.एल. सेब का सिरका और 20 एम.एल पानी मिला कर पियें गाँठ ठीक होगी।

लीवर की गाँठ कचनार की छाल का काढ़ा पियें। सर्वकल्प क्वाथ लें। मुलैठी, मेथी, दानचीनी, ये तीनों सिस्ट गलाती हैं।

1. गाँठ बाहर करने के लिए स्थित कोणासन करें। पैर फैलाकर बैठ जायें और विपरीत हाथों से बारी-बारी से पंजे स्पर्श करें। कपालभाँति करें। खाली पेट 2 ग्राम हल्दी लें।

2. बाह्य : बाह्य प्राणायाम करें। तीनों बन्धों के साथ। साँस बाहर फेंक दें। तीन बन्ध है मूल बन्ध, उड्यान बन्ध और जलन्धर बन्ध

मलदार के ऊपर खींच कर रोकें (मूल बन्ध), नाभी के नीचे, पेट को अन्दर खींच कर रोकें (उड्यान बन्ध) और ठुड्डी को गले के नीचे के गढ्ढे यानि कण्ठ कूप में लगाकर थोड़ी देर यथा शक्ति साँस रोके रहें जलन्धर बन्ध बहुत लाभकारी है और ऊर्जा ऊर्ध्वगति प्राप्त करती है। यह क्रिया हारमोन्स को भी व्यवस्थित करती है।

पीरियड आने पर कमरदर्द 3-4 दिन पहले अजवाइन का पानी पियें तथा पीरियड के बीच अजवाइन, मूली के बीज और गाजर के बीज सम मात्रा में मिलाकर पानी से एक चम्मच दिन में लें।

बार-बार जुकाम बादाम 100 ग्राम, बूरा (खाण्ड) 50 ग्राम, काली मिर्च 20 ग्राम लेकर चूर्ण बना लें सोते समय एक चम्मच लें।

रक्त स्राव नाक से, मूत्र के साथ या कहीं से रक्त स्राव हो तो गोखुरु का पानी लें। प्रात: सायं दोनों समय शीशम के पत्ते का रस लें यह अत्यन्त शीतल

होता है। रक्त स्राव रुक जायेगा। यह ल्यूकोरिया की भी औषधि है। जिन्हें घुटनों का दर्द हो वह शीशम के पत्ते का रस न लें। लेना भी पड़े तो दर्द यदि बढ़े तो छोड़ दें। घुटनों के दर्द बढ़ने पर वातारि चूर्ण लें। वातारि चूर्ण हल्दी, मेथी और सोंठ की सम मात्रा का चूर्ण है उसमें अश्वगन्धा मिला सकते हैं।

हाथ पैरों में पसीना आना बेल पत्र, शीशम या पीपल के पत्तों का रस 10 एम.एल. लें पसीना रुकेगा यह जलन का उपचार है।

बवासीर : 1. ठण्डे दूध में एक नींबू निचोड़ कर पिला दें दूध बाहर पात्र में नहीं फटना चाहिए तुरन्त पिला दें।

2. नारियल की जटा जलाकर राख कर लें। 1-2 ग्राम पानी से लें। चने की दाल, मिर्च, जायफल, जादित्री, के सेवन से बचें।

नकसीर 1. पीपल के पत्ते का रस 3-3 बूँद नाक में डालें या गेंदे का फूल का रस नाक में डालें। दूब घास (दुर्वा) का रस भी डाल सकते हैं।

2. एक चम्मच तुलसी का रस शहद से लें।

बिस्तर पर पेशाब बच्चे बिस्तर पर पेशाब एक आयु प्राप्त होने के बाद भी करते हैं।

1. इस रोग में काले तिल लाभकारी हैं काले तिल गुड़ के लड्डू खिलायें। रेवड़ी और गजक भी लाभकारी है। 2 अखरोट और 10-12 किशमिश ख़ूब चबाकर खिलायें। तीन-चार महीने तक यह प्रयोग जारी रखें। दो खजूर सोते समय रोज लें।

2. मूत्र की थैली की मांसपेशियाँ कमजोर होने से वह मूत्र को धारण नहीं कर पाता। थोड़ा सा मूत्र आने पर ही छोड़ देता है। इसके लिए काले तिल और मेथी पाउडर सम मात्रा का चूर्ण बना लें। दोनों समय एक-एक ग्राम पानी से दें।

यूरिनरी ब्लेडर मजबूत होगा और किडनी को लाभ मिलेगा।

3. काले तिल 100 ग्राम, अजवाइन 50 ग्राम और गुड़ 200 ग्राम कूट कर रख लें। सोते समय 10 ग्राम बच्चों को खिलायें।

तलुओं में जलन 1. लौकी तलुओं पर रगड़े। यह शरीर को विटामिन बी 12 और विटामिन डी की कमी से होती है। बर्फ़ के ठण्डे पानी में तलुओं को देर तक रखें आराम मिल जायेगा।

2. 10 ग्राम खशखश 2 लीटर पानी में उबालें। दिन भर यही पानी पियें।

आफरा (पेट फूलना) हिंग्वास्टक चूर्ण लें। सोते समय त्रिफला चूर्ण काले नमक के साथ लें। भोजन के बाद रात्रि में टहलें अवश्य।

डिप्रेशन धनिया, बहेड़ा, छोटी इलायची, हर्र का सम मात्रा का चूर्ण बना लें। एक-एक चम्मच दोनों समय पानी से लें। सूर्य नाड़ी से जागृत करें। बायीं नासिका को कनिष्ठा से बन्द कर दायीं से साँस लें और 10 बार सूर्य नाड़ी जाग्रत होगी।

बार-बार मूत्र त्याग यह मूत्र की थैली की कमजोरी से होता है। थोड़ा सा मूत्र एकत्र होते ही मूत्र त्याग की इच्छा होती है। इस कमजोरी को दूर करने के लिए एक चम्मच इसबगोल की भूसी प्रातः खाली पेट पानी से लें अखरोट चबाने से अतिरिक्त लाभ होगा और ब्लेडर मजबूत होगा। चाहे तो भूसी के साथ अश्वगन्धा भी एक चम्मच मिला लें। यह और लाभ देगा।

लकवा : लकवा लगने पर तुरन्त देशी गाय की घी की बूँदें नाक में डाल दें तुरन्त आराम मिल जायेगा।

मोटापा : 1. सोंठ, पीपली और काली मिर्च की सम मात्रा का चूर्ण (त्रिकुटा चूर्ण) भोजन के बाद 1 चम्मच पानी से लें। यह चूर्ण मेदोमय फैट स्रोत खोलेगा। मोटापा घटेगा।

2. धनिया, सौंफ, अदरक का उबला पानी दिन में 2-3 बार पियें।

3. योग, आसन, प्राणायाम और व्यायाम करते रहें।

मन और ध्यान हमारा मन भागता रहता है। ध्यान से (मैडिटेशन से) इसे रोका जा सकता है। मन को किसी एक चीज़ पर केन्द्रित करना जैसे दीपक पर, साँसों पर या देखे हुए प्रकृति के एक सुन्दर दृश्य पर। इससे मन शान्त होगा मन भागेगा नहीं। मन नियन्त्रित होगा तो इन्द्रियाँ भी नियन्त्रित होंगी। बैठकर गहरी साँस लें और सोचें श्वास अन्दर जा रहा है। धनात्मक ऊर्जा के रूप में। श्वास छोड़ते समय सोचें कि शरीर से विकार बाहर जा रहा है। रोग प्रतिरोधक क्षमता बढ़ रही है। सभी मानसिक समस्याएँ ठीक होंगी और आयु बढ़ेगी।

नेत्र ज्योति गाजर में अल्फा और बीटा कैरोटीन की प्रचुर मात्रा पायी जाती है और भी कई प्रकार की कैरोटीन होती है। अल्फा और बीटा कैरोटीन

लीवर के सहयोग से विटामिन ए में बदल जाती है और आँखों की रोशनी बन जाती है। अत: गाजर का जूस पियें। गाजर का सेवन करें। आजकल हरी सब्जी हर मौसम में उपलब्ध हैं। लेकिन मौसम आने पर जो सब्जियाँ मिलती हैं वही लाभकारी हैं। बाकी ऋतु, देशकाल के लिए विपरीत होने से कोई लाभ नहीं देती। मूत्र त्याग करते समय दाँत मिलाकर रखें। नेत्रों के लिए लाभकारी है। हाथ की उँगुलियाँ को आपस में फँसा दें और फिर कलायी की तरफ़ हथेली के उभरे हुए भाग को आपस में रगड़ें इसकी गर्माहट से नेत्र सेकें लाभ होगा!

डार्क सर्किल : आँखों के नीचे काला-काला दाग है तो हरी धनिया का पेस्ट बना लें और कुछ बूँदें नींबू का रस डालकर लेप करें।

मसूढ़ों की सूजन 10 एम.एल. तिल का तेल मुँह से रखकर घुमायें। मसूढों की सूजन दर्द ठीक होंगी। टॉन्सिल में भी लाभ मिलेगा। मुँह का सूखना बन्द होगा। गले की खराश और रूखापन भी ठीक होगा। साइनस भी ठीक होगा। पूरे शरीर के रोगों में लाभ मिलेगा। आयुर्वेद की भाषा में इस क्रिया को गण्डूस कहा जाता है।

पेट सख्त मुलैठी और सौंफ का काढ़ा पियें। ब्रजासन में बैठें।

पेट में कीड़े :

1. हींग गुड़ में लपेट कर भोजन से पहले लें।
2. नीम की कोपल पीस कर एक हफ़्ते खाली पेट पानी से लें।
3. पुदीना पीसकर पानी से लें।
4. एलोवेरा जूस लें।
5. 40 एम.एल. बथुये का जूस सेंधा नमक डालकर लें। बथुये का रायता लें।

जुँए :

1. नारियल तेल 100 एम.एल., कपूर 10 एम.जी. मिलाकर लगायें।
2. नीम का तेल लगायें।
3. नींबू के रस में लहसुन का पेस्ट बनाकर लगायें।
4. मेथी दाना भिगो लें। पीसकर पेस्ट बनाकर लगायें।
5. नींबू का रस या प्याज का रस नाखून पर टपकायें।

पैरों में बदबू : पैर फिटकरी के पानी से धोएं।

एक्जिमा : कनेर की जड़ पीसकर लगायें। पीपल की 4-5 कोपलें खायें, गरी का तेल, कपूर मिलाकर नहाने से पहले लगा लें। मलाई में हल्दी मिलाकर लगायें।

गु़स्सा : चन्द्रनाड़ी जागृत करें। दायीं नासिका बन्द कर लें, अँगूठे से और बायीं नासिका से साँस भरें और छोड़ें दस बार गु़स्सा बन्द हो जायेगा। प्रातः घास पर चलने की आदत डाल लें। गु़स्से वाला स्वभाव खत्म हो जायेगा। भोजन के साथ हरी मिर्च लें। यह प्रसन्नता का हारमोन सिरोटेनिन निकालता है। शलभ आसन करें।

रूसी : 1. नीम का तेल, चुटकी भर सुहागा, मिलाकर सिर में लगायें। 2-3 दिन में रूसी गायब हो जायेगी।

2. रात में त्रिफला भिगो दें नहाते समय सिर त्रिफला पानी से धोयें।

बालों का झड़ना : 1. आँवला, भृंगराज और काले तिल का सम मात्रा का चूर्ण प्रातः सायं लें। यह बालों का टानिक है। पित्त वर्धक चीज़ें न खायें।

2. जैतून का तेल लें, उसमें दालचीनी का पाउडर थोड़ा मिला लें और शहद डालकर लेप बना लें। यह लेप आधे घण्टे लगायें रहें फिर बालों को धो लें।

3. दालचीनी पाउडर शहद से लें।

कोलेस्ट्रोल सही रखने के लिए खाली पेट लहसुन लें। धनिया पानी लें। 1 चम्मच सेब का सिरका, एक गिलास पानी में मिलाकर लें। तनाव से बचें। व्यायाम, योगासन करें। काश्मीरी लहसुन चबाकर खा सकते हैं। चने की तरह छोटा होता है। इसमें महक नहीं होती है।

ऋतु सन्धि (मौसम बदलना) में हमारी पाचन शक्ति कमजोर हो जाती है और रोग प्रतिरोधक क्षमता भी। लौंग, सोंठ, काली मिर्च और पीपली का सम मात्रा का चूर्ण पानी या शहद से एक बार लें।

मस्तिष्क की मजबूती के लिए 5-7 बादाम रात में भिगो दें। प्रातः 4-5 काली मिर्च और चुटकी भर सौंफ के साथ पीस लें। दूध में डालकर उबाल लें और पियें। नेत्र ज्योति भी बढ़ेगी।

टॉन्सिल : फिटकरी तवे पर भून लें। एक चौथाई चम्मच पानी से लें। सादी फिटकरी पानी में घोलकर गरारे करें।

कमजोर पाचन : थोड़े से नींबू के रस में सेंधा नमक डालकर पीपली भिगो दें। 5 दिन छाँव में पीपली नींबू का रस सोख ले फिर उसे धूप में सुखाकर रख लें। भोजन के बाद 1-1 पीपली चूसें पाचन तन्त्र ठीक हो जायेगा।

डेंगू :

1. 3-4 बार में 250 एम.एल. गिलोय का रस लें।
2. 250 एम.एल. पपीते का रस लें।
3. सेब का रस नींबू डालकर लें।
4. खिचड़ी जैसा हल्का भोजन लें। भारी गरिष्ठ भोजन से बचें।

हिचकी : 1. तुलसी के पत्ते के साथ चीनी चबा लें फिर एक गिलास पानी पी लें। हिचकी बन्द हो जायेगी।

2. जीभ के नीचे मिश्री रख कर चूँसें।

हाइड्रोसील : टेशू के फूल पानी में उबाल लें और उन उबले फूलों को हाइड्रोसील में बाँध लें ठीक हो जायेगा।

लीवर स्वस्थ रखने के लिए रात में मूली ओस में रख दें। प्रातः खाली पेट चबा लें। लीवर सही होगा।

वात पित्त शान्ति के लिए गाय का घी लें।

कोलेस्ट्रोल सही करने के लिए लौकी का जूस, तुलसी का रस मिला कर लें। रात को पानी में भिगोये लहसुन की दो कलियाँ प्रातः चबा लें। पानी पी लें। भिगोये लहसुन में बदबू नहीं आयेगी।

हारमोनल बैलेंस के लिए : पीपल के पत्तों का रस लें यह शरीर को एल्कलाइन करता है, पित्त का शमन करता है। तनाव दूर करता है।

कान का दर्द : प्याज भूनकर उसका रस निकाल लें। ठण्डा होने पर 4-4 बूँद कानों में डालें तुरन्त आराम मिलेगा।

शक्ति के लिए 50 ग्राम चना,10 ग्राम मूँगफली भिगोकर प्रातः चबा लें। अलसी बादाम का सेवन करें।

प्रसन्नता के लिए एरोमा थेरेपी लाभप्रद है।

गंधदद्धारां दुराधर्षाम् नित्य पुष्टि करीषिणीम्
ईश्वरी सर्वभूतानामां तामिहोपह्वये श्रियम्।
हवन की सामग्री का धुआँ यही कार्य करता है।
पुष्टि देता है। अच्छी सुगन्ध का प्रयोग करें।

घर में लोबान का धुआँ करें। गुलाब का चन्दन का इत्र लगायें। मन प्रसन्न रहेगा।

बच्चे ने कुछ निगल लिया है तो केला खिलाकर उसके ऊपर त्रिफला खिला दें पानी से। मलद्वार से निकल जायेगा।

सर्दी, जुकाम, बलगम : हरी धनिया पानी में उबाल कर छान लें। इस पानी को नींबू निचोड़ कर पी लें। सर्दी, जुकाम, बलगम ठीक होगा।

कमर दर्द : गेहूँ का चोकर पानी में उबालें। चाहे तो उसमें आकाश बेल कूच कर डाल लें चारपाई पर लेट कर इसकी भाप कमर से सेंके।

डंक विष : बिच्छु, ततैया, या मधुमक्खी काट ले तो वहाँ पर आम का बौर रगड़ दें। बौर का रस त्वचा के अन्दर चला जाना चाहिए। इसका असर वर्ष भर रहेगा।

पसीने में बदबू : 1. जामुन के पत्ते उबालकर पियें। मिल जाये तो बेल पत्र मिला दें। पसीने की बदबू दूर होगी।

2. 3-4 ग्राम आँवले का पाउडर दोनों समय पानी से लें।

3. शीशम और बैल के पत्ते पीस कर पानी मिलाकर पियें। पसीने की अपनी कोई बदबू नहीं होती है। दुर्गन्ध तो त्वचा में मौजूद जीवाणुओं के कारण होती है।

कुत्ता व बन्दर काटने पर एक गिलास गाय का दूध गर्म करें और उसमें एक चम्मच गाय का घी, तीन चम्मच शहद और आधा चम्मच काली मिर्च डालकर पिला दें। यह अमृत तुल्य दूध रोगी को मृत्यु से बचायेगा। पीने के बाद ख़ूब पसीना आयेगा। जैसे नहा लिए हो पूरा जहर निकल जायेगा।

चिकित्सक के पास जायें। याद रहे घी और शहद विषम मात्रा में होना चाहिए। सम मात्रा में घी और शहद विष होती है।

मांसपेशियों की कमजोरी

यह मांसपेशियों की कमजोरी का रोग है और वंशानुगत होता है। यदि गर्भवती को पौष्टिक आहार नहीं मिलता तो जीन्स में खराबी आ जाती है और मांसपेशियाँ बनाने वाली प्रोटीन में ही खराबी आ जाती है। वास्तव में यह मांसपेशियों का टूटना है। जल्दी थकान होना, ऐड़ी उठाकर चलना, सन्तुलन में दिक़्क़त, लड़खड़ाकर चलना, उठने-बैठने में दिक़्क़त होती है। सफ़ेद मूसली, शतावर, अश्वगन्धा आदि दूध से लें।

सोते समय हल्दी वाले दूध में 4 बूँद शिलाजीत या अश्वशिला लें। नाड़ियों के लिए सहजन (मुरैंडा) की पत्तियों का काढ़ा लें। अनुलोम विलोम तथा नाड़ी शोधन प्राणायाम करें। मूसली और अष्ट वर्ग शतावर रामबाण है। भुनी हुई शकरकन्द बहुत लाभकारी है। मांसपेशियों के लिए। गिलोय का सेवन करें।

मांसपेशियों में ऐंठन : यह पोटैशियम, मैग्नीशियम और सोडियम की कमी से होती है। निम्न रक्त चाप भी एक कारण है। ताड़ासन, वृक्षासन करें, सूर्य नमस्कार करें। पीठ दर्द, पिण्डलियों का दर्द, पैरों का दर्द ठीक होगा।

वजन

वजन बढ़ाना

1. पाचन तन्त्र ठीक रखें। इसके लिए सोंठ, पुदीना, सूखी सौंफ का सम मात्रा का चूर्ण दोनों समय भोजन के बाद लें।

2. कार्बोहाइड्रेट (अनाज) पर्याप्त मात्रा में लें। गेहूँ, चावल, आलू, रागी, शकरकन्द, अच्छे स्रोत हैं कार्बोहाइट्रेड के।

3. अश्वगन्धा : धातु वृद्धि में सहायक है। दोनों समय एक-एक चम्मच दूध से लें।

4. केला खाकर ऊपर से दूध पियें। दही केला फेट कर लें।

5. सत्तू का सेवन करें। दूध, छाछ, या पानी में घोलकर पियें।

6. आम, खजूर, केला आदि फल लेते रहें।

7. भुना जीरा, सौंफ, सोंठ सम मात्रा का चूर्ण भोजन से पहले एक चम्मच पानी से लें। भूख खुलेगी मोटापा आयेगा। अदरक का टुकड़ा, काला नमक, लगाकर भोजन से पहले लेने से भी भूख खुलती है। मंदाग्नि दूर होगी भूख खुलेगी।

वजन घटाना

1. रात को एक चम्मच त्रिफला भिगो दें। प्रातः एक गिलास पानी में उबालें आधा रह जाने पर उसमें 10 बूँद अदरक का रस और आधा नींबू निचोड़ कर एक चम्मच शहद मिलाकर पियें। मधुमेह रोगी बिना शहद के पियें।

2. व्यायाम, योग और प्राणायाम करते रहें।

यूरिक एसिड

जब हमारे शरीर में प्रोटीन का अवशोषण नहीं हो पाता तब रक्त में यूरिक एसिड बढ़ जाती है। इसका निर्माण लीवर में होता है। पिण्डिलियों में दर्द बने रहना यूरिक एसिड बनने के लक्षण हैं। रक्त में पाया जाने वाला यह एक बेकार का पदार्थ है। रक्त में घुलकर मूत्र में पहुँच जाता है और पेशाब के साथ बाहर आता है। यह विभिन्न अंगों में पहुँच कर दर्द उत्पन्न करता है इसके क्रिस्टल बन जाते हैं और जोड़ों में जमा होकर गठिया बन जाता है। तब जोड़ों का दर्द असहनीय हो जाता है। ये क्रिस्टल किडनी स्टोन भी बना देते हैं।

मांसपेशियों में दर्द, जोड़ों में दर्द, हृदय रोग, उच्च रक्त चाप, फैटी लीवर आदि बीमारियाँ लेकर यूरिक एसिड आता है। यूरिक एसिड बढ़ने पर दूध की बनी चीज़ें न लें। दाल पतली खायें और रात में दाल न खायें। दही और चने का स्प्राउट यूरिक एसिड बढ़ाते हैं। मूँग का स्प्राउट लें।

1. 20 एम.एल. सेब का सिरका खाली पेट लें, एक गिलास पानी में मिलाकर पियें। यूरिक एसिड अनपचे प्रोटीन के कण हैं। जो सेब के सिरके में गल जाते हैं।

2. मेथी, सोंठ, गोखरू पाउडर और अश्वगन्धा सम मात्रा का चूर्ण 1-1 चम्मच दोनों समय पानी से लें।

3. अलसी सूखी ही तवे पर भून लें। पाउडर बना कर रख लें एक-एक चम्मच दोनों समय पानी से लें। अलसी किडनी रोगों के लिए बहुत उपयोगी है।

4. गिलोय का सेवन करें किडनी भी ठीक रहेगी।

5. गोखरू का काढ़ा पियें। नारियल पानी पियें।

मसाले

लौंग : लीवर के लिए लाभकारी है। मसूढ़ों के लिए भी अच्छी है। दो लौंग से ज़्यादा एक दिन में न लें।

सौंफ : यह रक्त साफ़ करती है। नेत्र ज्योति को ठीक करती है। पाचन तन्त्र सही रखती है। पेट दर्द, पेट की सूजन में लाभकारी है। श्वास रोग में भी लाभकारी है तथा अन्य फेफड़ों के रोगों में भी लाभकारी है। मस्तिष्क को ठण्डा रखती है। इसमें विटामिन E की प्रचुरता होती है इसलिए तनाव से भी बचाती है। नींद अच्छी लगती है। आँखों के लिए 50 ग्राम सौंफ, 50 ग्राम बादाम, 50 ग्राम सफ़ेद मिर्च (ठण्डाई वाली) का पाउडर बना लें। एक चम्मच नित्य एक बार दूध से लें। नेत्रों के लिए राम बाण है।

दालचीनी : दूध में पाउडर मिलाकर लेने से पेट के रोग ठीक होते हैं। प्रातः खाली पेट दालचीनी का पानी लेने से चयापचय ठीक रहता है। यह रक्त को भी पतला करती है। कोलेस्ट्रोल कम करती है। 2-3 ग्राम अर्जुन की छाल के साथ 2-3 ग्राम दालचीनी लेने से बी.पी. ठीक रहता है।

तेजपत्ता : तेजपत्ता सर्दी जुकाम में लाभकारी है। 2-3 तुलसी के पत्ते के साथ 2-3 तेजपत्ती पानी में खौलायें फिर ठण्डा होने पर छानकर पी लें। सर्दी जुकाम भागेगा। पेट में अफारा है, पेट फूलता है तो 5 ग्राम तेजपत्ता थोड़ी सी अदरक के साथ पानी में उबालें गुनगुना छानकर पियें एक कप पानी पर्याप्त है। अफारा ठीक होगा। पेट में वायु गोला बनता है, तो तेजपत्ता उबालकर उसमें थोड़ा सा सेंधा नमक डालकर पियें वायु गोला ठीक हो जायेगा। श्वास की दिक़्क़त है तो तेजपत्ता 5 ग्राम, 2 ग्राम मुलैठी, एक ग्राम अजवाइन का काढ़ा बनाकर लें। श्वास ठीक होगी साथ ही बलगम भी ठीक होगा। 3 ग्राम

तेजपत्ता, 3 ग्राम गुलाब देशी उबालकर पानी पियें हृदय रोग भी ठीक होगा यह त्रिदोष नाशक है।

हर्र : हर्र शरीर में पहुँच कर शरीर की देख-रेख माँ की तरह करती है। इसलिए इसे माँ का दर्जा दिया गया है। (नास्ति यस्य गृहे माता तस्माता हरीतिकी)

यह एक रसायन (रिजुविनेटर) है और रोग प्रतिरोधक क्षमता बढ़ाती है। बुढ़ापा टालती है। हृदय रोग में, कब्ज में, दस्त में और दृष्टि कम होने के रोग में अत्यन्त लाभकारी है। हर्र, सोंठ, गुड़, तीनों को मिलाकर सेवन करने से श्वास व पेट रोग ठीक हो जाते हैं। हरीतिकी अनुपान ऋतु के हिसाब से बदलता है।

वर्षा ऋतु में सेंधा नमक के साथ, शरद ऋतु में बेर के साथ, सर्दियों में सोंठ के साथ, बसन्त में शहद के साथ और गर्मी में गुड़ के साथ इसका प्रयोग करने से इसका भरपूर लाभ मिलता है।

नशीले पदार्थ लेने वाले इसका प्रयोग न करें। श्रम की थकान वाले, गर्भवती महिलाएँ, रोग से पीड़ित इसका प्रयोग करें। घी में भूनकर एक हर्र चूसते रहें।

मेथी : दर्द निवारक है। थाइराइड में मेथी का प्रयोग बताया जाता है। हल्दी, मेथी, सोंठ का चूर्ण दर्द निवारक है। काली मिर्च, पीपली और सोंठ का त्रिकुट चूर्ण का लाभ भी बताया गया है, सर्दी, जुकाम, खाँसी भगाने में। हल्दी सूजन कम करती है घाव जल्दी भरती है।

सेंधा नमक : साधारण नमक (समुद्री नमक) में केवल दो तत्त्व पाये जाते हैं। सोडियम और क्लोराइड।

सेंधा नमक में कई तत्त्व पाये जाते हैं जो पाचन तन्त्र को मजबूत करते हैं। इसमें पोटैशियम, लोहा, जिंक, मैगनीज, ताँबा, और निकल पाये जाते हैं। इसीलिए आयुर्वेद में कई औषधियों का इसका प्रयोग सेंधव लवणनाम से किया जाता है।

मसाला चाय 100 ग्राम सोंठ, 100 ग्राम हरी इलायची, 25 ग्राम काली मिर्च, 25 ग्राम दालचीनी, 25 ग्राम लौंग, चार तेजपत्ता, एक जायफल सबको

पिसकर छान कर रख लें। चाय में एक चुटकी डालकर पियें। बिना दूध की चाय में अधिक स्वादिष्ट लगेगी। दो बूँद नींबू का रस डालकर पियें। लाभकारी है।

जायफल : त्वचा के लिए लाभदायक है। बलवर्धक है। पाचन के लिए अच्छी है। नींद लाती है। गर्म होती है सर्दी लगने पर शिशुओं की छाती पर चन्दन की तरह घिस कर लगायी जाती है। अधिक न लें, मितली हो सकती है पसीना अधिक आयेगा। उँघाई लगेगी अत: थोड़ी मात्रा में लें।

कुछ उपयोगी वस्तुएँ

काढ़ा (क्वाथ रोग) : प्रतिरोधक शक्ति बढ़ाने के लिए काढ़ा का प्रयोग किया जाता है। इसकी तासीर गर्म होती है अत: लगातार बहुत दिनों तक काढ़ा न लेते रहें पित्त बढ़ेगा। मूत्र त्याग में जलन, खट्टी डकारे, मुँह में छाले हो सकते हैं। बाजार में भी विभिन्न प्रकार के काढ़े (क्वाथ) रोगानुसार बने बनाये मिल जाते हैं।

घर में काढ़ा बनाने के लिए काली मिर्च, दालचीनी, लौंग, जायफल, हल्दी, अदरक, और अश्वगन्धा आदि का उपयोग किया जाता है।

अलसी : अलसी को सुपरफूड माना गया है। इसमें फाइबर प्रचुर मात्रा में होता है। ओमेगा 3 फैटी एसिड भी प्रचुर मात्रा में होता है तथा माइक्रो न्यूट्रियन्ट्स भी होते हैं। अलसी नर्वस सिस्टम (नाड़ी तन्त्र) को ठीक करती है। कोलेस्ट्रोल घटाती है। दर्द दूर करती है।

यह कोलेस्ट्रोल नियन्त्रित करती है। वजन कम करती है। त्वचा को चमकदार बनाती है। जोड़ों के दर्द में, दमा में लाभकारी है। कैंसर से लड़ने की क्षमता भी देती है। अलसी को प्रयोग से पहले हल्का भून लें अधिक नहीं। 1/2 चम्मच पानी से लें कुछ दिन। कुल 25 ग्राम से ज़्यादा न लें लाभ होगा। पाउडर न बनायें पाउडर करने से साइनाइड गैस बनती है। जो कि कड़वे बादाम और कड़वी लौकी में बनती है। अलसी के बीज व पाउडर में अन्तर रहता है क्योंकि अलसी जल्दी टूटती नहीं साबूत भुनी अलसी ही प्रयोग करें।

शहद : शहद में सर्दी खाँसी रोकने की क्षमता बहुत अधिक है। एंटी बायोटिक्स से भी 36 प्रतिशत अधिक एंटी बायोटिक दी जाती है। पेट में मौजूद बुरे बैक्टीरिया को मारने के लिए यह पेट में मौजूद अच्छे बैक्टीरिया (प्रो

बायोटिक) को भी मार देती है। इसीलिए एंटी बायोटिक लेने पर भूख भी मर जाती है। शहद अच्छे बैक्टीरिया को नहीं मारता और पाचन तन्त्र सुस्त नहीं होता। शहद खाँसी की तीव्रता को कम करता है और जकड़न भी दूर करता है। लहसुन शहद प्रातः खाली पेट लेने से सर्दी खाँसी ठीक होती है। लहसुन का रस व शहद लेने से हृदय ठीक रहता है। शहद प्रातः रोज लेने से स्त्रोतस शुद्धि भी होती है। बन्द स्त्रोतस खुल जायेंगे शहद पहले से ही पचा भोजन है और ऊर्जावर्धक है। साँस के रोग में अदरक के रस के साथ लें। दालचीनी पाउडर से शहद लें। बाल झड़ना रुकेगा। शहद जीभ पर रखते ही लाभ देने लगता है। तुरन्त ऊर्जा देता है।

अनार : 1. 2-3 ग्राम अनार के पत्ते 200 एम.एल. पानी में उबालकर सोते समय पियें नींद अच्छी आयेगी।

2. 20 ग्राम पत्ती पीसकर मिश्री मिलाकर खायें मिरगी ठीक होगी।

3. अनार के रस में भुना जीरा, सेंधा नमक, मिलाकर लें, भूख खुलेगी।

4. पैरों के नाखून अन्दर जाने पर पीड़ा होती है। अनार का छिलका और हर्र (हरीतीखी) का पेस्ट बना लें फिर इसे तिल के तेल में पका लें और अँगूठे में लगाकर पट्टी से बाँध लें दर्द ठीक हो जायेगा।

5. अनार के छिलके का पाउडर लें। 2-3 लौंग डालकर लेप बना लें, चेहरे पर लगाकर एक घण्टे तक रहने दें फिर धो लें। चेहरा चमक उठेगा।

अनार की पत्ती का रस तिल के तेल में पकायें। जब रस सूख जाये और खाली तेल रह जाये तो चेहरे पर मालिश करें झुर्रियाँ और लटकता हुआ मांस गायब हो जायेगा।

गुड़ चना : शरीर में दर्द, रक्त की कमी, मांसपेशियों में खिंचाव में लाभकारी है चयापचय को बढ़ाने वाला है। वजन घटाने में मददगार। हीमोग्लोबीन कमी को दूर करता है गुड़ चना। गुड़ में आयरन और पोटैशियम अधिक मिलता है तो चने में कैल्शियम, विटामिन, फाइबर और प्रोटीन ख़ूब मिलता है। चना आम भी सुखाता है। चने में रोग प्रतिरोधक वाले काफ़ी तत्त्व मिलते हैं, गुड़ कफ को मारता है।

प्रो बायोटिक कुछ खाद्य पदार्थ हैं जो अच्छे बैक्टीरिया यानी प्रो बायोटिक को बढ़ाते हैं और बुरे बैक्टीरिया को नष्ट करते हैं। आम भी एक तरह का बैड बैक्टीरिया है जो पाचन तन्त्र को खराब होने पर बनता है।

काली गाजर, अचार, दही, छाछ, हरी मटर, ये सब प्रो बायोटिक खाद्य हैं। काली गाजर इनमें सर्वोत्तम प्रो बायोटिक है। छाछ भी अच्छा है। दही देर से पचता है। प्रो बायोटिक बड़ी आँत की विटामिन बी-12 बनाने में मदद करते हैं। प्रो बायोटिक जठराग्नि को स्वस्थ रखते हैं। आम बनने से रोकते हैं। कफ, पित्त व वात का सन्तुलन करते हैं। अत: रोग रोकते हैं। सफ़ेद प्याज भी अच्छा प्रो बायोटिक है। इसमें फाइबर बहुत होता है। उसमें पाये जाने वाले तत्त्व हमारे पाचन तन्त्र को मजबूत करते हैं। प्रो बायोटिक तत्त्व के तौर पर इसमें मौजूद इन्सुलिन बहुत महत्वपूर्ण भूमिका निभाती है। प्रोबायोटिक = मित्र बैक्टिरिया।

हमारे विभिन्न तन्त्रों के लिए सफ़ेद प्याज एक सहायक की भूमिका निभाता है। यह हमारी आँतों में अच्छे बैक्टीरिया को बढ़ाता है।

जिंक : जिंक भी हमारे शरीर के लिए आवश्यक है। जिंक कार्बोहाइड्रेट, वसा (फैट) और प्रोटीन को संशोधित करती है। घाव भी भरती है। सर्दी, जुकाम से बचाती है। प्रतिरक्षा कोशिकाओं की मरम्मत करती है नयी कोशिकाएँ बनाती है। जिंक मस्तिष्क के लिए लाभकारी है। मांस, अनाज, दुग्ध उत्पादों, भिन्डी, अरबी, और शकरकन्द में प्रचुर मात्रा में जिंक पायी जाती है। बीन्स, सूखे मेवे, साबुत अनाज भी जिंक के अच्छे स्रोत हैं।

अर्जुन की छाल हृदय मांसपेशियों को मजबूत करती है। कोलेस्ट्रोल ठीक करती है। अर्जुन की छाल और दालचीनी का काढ़ा हृदय की मांसपेशियों को मजबूत करता है। किडनी व लीवर भी ठीक करता है। मधुमेह में लाभकारी है।

प्रोटीन : हमारे शरीर में 50 प्रतिशत से 70 प्रतिशत पानी होता है। उसके बाद प्रोटीन का नम्बर आता है। यह शरीर की इम्यूनिटी बढ़ाने के लिए आवश्यक है। हमारी रोग प्रतिरोधक क्षमता प्रोटीन ही बढ़ाता है। दाल, दलिया, सोयाबीन, ब्रोकली, गोभी, दूध, पनीर आदि प्रोटीन के अच्छे स्रोत हैं।

प्रोटीन हानिकारक बाहरी तत्त्वों को पहचान कर उन्हें नष्ट करता है। हमारे शरीर का गठन का प्राकृतिक तौर पर ही ऐसा है कि वह बाहरी तत्त्व से आसानी से लड़ सकता है।

प्रोटीन की कमी से पेट दर्द, पेट फूलना, नाखून टूटना, अचानक दस्त लग जाना, लम्बाई न बढ़ना, दुबला-पतला होना देखा जाता है।

ग्रीन टी : यह विषाक्त पदार्थों को शरीर से बाहर करती है। हृदय ठीक रखती है। मधुमेह पर नियन्त्रण रखती है। कैंसर से भी दूर रखती है।

इसमें कैफीन की मात्रा अधिक होती है ज़्यादा सेवन से लीवर खराब हो सकता है। नींद में कमी हो सकती है। रक्त में लौह तत्त्व कम होगा अधिक सेवन से। अत: अधिक न लें प्रात: एक बार पर्याप्त है।

पत्तल : अब तो पत्तल का रिवाज़ उठ ही गया है केवल दक्षिण भारत में केले के पत्तों में भोजन परोसते देखा है। पत्तल के अपने लाभ हैं।

पलास का पत्तल : पलास के पत्तल में सोने की थाली जैसे गुण होते हैं। रक्त शुद्धि होती है पाचन मजबूत होता है।

केला पत्ता चाँदी के बर्तन सा लाभ देता है। अमलतास के पत्तल में खाने से लकवा ठीक होता है। करंज के पत्तों में खाने से जोड़ों का दर्द ठीक होता है।

केला : केले में अच्छी मात्रा में मैग्नीशियम और पोटैशियम पाया जाता है। मैग्नीशियम हृदय की धड़कन ठीक रखता है। मूड स्विंग, बेचैनी दूर करता है। मैग्नीशियम प्रोटीन का संश्लेषण करता है।

पोटैशियम हमारी कोशिकाओं से सोडियम बाहर करता है और रक्त चाप नियन्त्रित करता है। सोडियम निकल जाने से धमनियों पर दबाव कम पड़ता है और बी.पी. नियन्त्रित रहता है।

पोटैशियम हृदय की मांसपेशियों को फैलने और सिकुड़ने में मदद करता है। इससे हृदय की क्रिया सुचारू रूप से चलती है। हृदयघात और मस्तिष्क आघात का खतरा कम होता है। सेंधा नमक पोटैशियम क्लोराइड होता है जबकि समुद्री नमक सोडियम क्लोराइड। पोटैशियम की वजह से ही सेंधा नमक खाने के लिए रक्त चाप वालों को कहा जाता है।

केले का अवरोधी स्टार्च रक्त में धीमी गति से घुलता है। इससे इन्सुलिन की कार्य क्षमता बनी रहती है और कार्बोहाइड्रेट का स्तर नहीं बढ़ता है। मांसपेशियों में ऐंठन केला दूर करता है और मांसपेशियों की थकान भी दूर करता है। इसीलिए केले को तुरन्त ऊर्जा देने वाला बताया गया है। पोटैशियम ग्लूकोज़ को ग्लाइकोजन में बदलकर तुरन्त ऊर्जा देता है। केला मैग्नीशियम

और पोटैशियम से भरपूर होने के कारण हृदय को शक्ति देता है। मैग्नीशियम 300 प्रकार के एन्जाइम्स को व्यवस्थित करता है।

सोयाबीन

यह प्रोटीन का अच्छा स्रोत है। सोयाबीन का दूध और दही भी बनाया जाता है। 12-13 घण्टे पहले उसे भिगो दें फिर अच्छी तरह से मसलकर पीस लें। इस महीन पिसे हुए सोयाबीन को पानी में घोलकर कपड़े में छान लें। दूध मिल जायेगा। दही जमाने के लिए इस दूध को ख़ूब पका लें कुछ पानी सूख जाये तो इसे उतार कर ठण्डा कर लें और जैसे दूसरे दूध में जामन डालकर जमाते हैं उसी तरह मामूली गर्म जामन डालकर जमा लें। सौ ग्राम सोयाबीन में एक किलो दही तैयार हो जायेगा। 4-5 दिनों तक इसका प्रयोग कर सकते हैं। इस दही में एन्जाइम्स बनेंगे वह लाभकारी और गुणवत्ता वाला होगा।

सोयाबीन दही बैड कोलेस्ट्रोल (एल.डी.एल.) को खत्म करता है और अच्छा कोलेस्ट्रोल बढ़ाता है।

सोयाबीन महिलाओं में हारमोन्स को नियोजित करता है। रजोनिवृत्ति के बाद हारमोन्स का सन्तुलन बिगड़ जाता है। उनमें चिड़चिड़ापन, उदासी, बिना वजह रोने की इच्छा आदि देखे जाते हैं। सोयाबीन का दही सेवन करने से सब ठीक हो जायेगा। सोयाबीन का पनीर भी बनता है। जापानी व्यंजन टोफो इसी पनीर से बनता है। सोयाबीन में सभी तरह के प्रोटीन होते हैं। मधुमेह लाभकारी है।

सहजन (मोरिण्डा) विटामिन ए, विटामिन सी और विटामिन बी काम्पेलेक्स का अच्छा स्रोत है, नेत्रों के लिए लाभदायक है।

बादाम रोगन : 1. सिर में मालिश करने से नींद अच्छी आती है। दिमाग़ तेज़ करता है। रात में सोते समय एक चम्मच दूध में डालकर लें। सूखी प त्तियों का काढ़ा बना लें।

2. आँखों के नीचे की कालिमा पर मलें लाभ होगा त्वचा निखरेगी।

3. बार-बार सर्दी जुकाम होता है तो सोते समय नाक में 2-2 बूँद डालें दिमाग तेज़ होगा, दिमाग़ की खुश्की दूर होगी आँखें ठीक रहेगी।

गुणकारी पत्ते

तुलसी : 1. प्रातः 2-4 पत्ते चबाकर खायें कान्ति बढ़ेगी। चाहे तो नीम के पत्ते भी साथ में ले सकते हैं।

2. तुलसी के पत्तों का रस नींबू के रस में मिलाकर दाद, खाज और झाइयों पर लगाने से लाभ होगा।

3. तुलसी के बीज मिश्री के साथ पीस कर चूर्ण बना लें एक चम्मच दोनों समय लें यह टानिक का काम करेगा बल देगा।

4. माइग्रेन के दर्द में तुलसी पत्ते का रस नाक में डालें।

5. स्मृति बढ़ाने के लिए तुलसी के पत्ते का रस शहद से लें या शहद के साथ पत्ता घोटकर चाट लें।

6. तुलसी का रस जुँए दूर करता है।

7. तुलसी पत्ता, काली मिर्च, सेंधा नमक, पीस कर यह लेप रुई में लपेट कर दाँत दर्द में लगायें आराम मिलेगा।

8. तुलसी 3-4 पत्ते, काली मिर्च 3-4 कुटी हुई और 2-3 लौंग पानी में उबाल लें इससे गरारा करें गला सुरीला होगा।

9. तुलसी पत्ती, काली मिर्च, अदरक पीसकर चाट लें भूख बढ़ेगी।

10. स्वर भंग (गला बैठना) में तुलसी पत्ती, काली मिर्च, और मिश्री चूसें।

11. तुलसी के 10 पत्ते एक कप पानी में उबाल लें छानकर एक चम्मच शहद मिलाकर दोनों समय पी लें। खाँसी ठीक होगी।

11. तुलसी पत्ते के साथ चीनी चबाकर ऊपर से एक गिलास पानी पी लें, हिचकी बन्द हो जायेगी।

12. 5 पत्ते खाली पेट प्रातः चबा लें पेट रोग से बचेंगे।

13. सर्दी, जुकाम, बुखार भी ठीक करने के लिए काली मिर्च के साथ काढ़ा बनाकर आधा कप पियें।

एलोवेरा : इसका एक नाम घृतकुमारी भी है। ग्वारपाठा भी इसका नाम है। मोटापा घटाने के कारण आयुर्वेद में इसे नाम दिया गया है स्थूलदला। यह हर जगह पायी जाने वाली वनस्पति है। इसका पत्ती वाला भाग गूदेदार होता है और जैल की तरह दिखाई देता है। इसी जैल का प्रयोग औषधि के रूप में किया जाता है।

लीवर की खराबी, आमवात, कोष्ठबद्धता (कब्ज), बवासीर, महिलाओं के मासिक चक्र की अनियमितता, चर्म रोग आदि में लाभकारी माना गया है। इसमें लौह मैग्नीशियम, कैल्शियम, पोटैशियम होता है। पेट के किसी

रोग में घृतकुमारी, एक चम्मच सेंधा नमक और चुटकी भर हल्दी मिलाकर लें। आँवले के चूर्ण के साथ लेने से नेत्र ज्योति बढ़ेगी। त्रिकुटा चूर्ण 2 ग्राम मिलाकर इसका रस लेने से जोड़ों का दर्द ठीक होगा। नीम गिलोय के साथ मिलाकर लेने से स्फूर्ति बनी रहेगी। रोग प्रतिरोधक क्षमता मजबूत होगी। जल जाने पर इसका गूदा लगायें दाग नहीं पड़ेगा और त्वचा कड़ी भी नहीं होगी।

चुकन्दर : इसमें उच्च कोटि का नाइट्रेट पाया जाता है। बढ़ती उम्र में फलों के रस से अधिक चुकन्दर स्फूर्ति देती है। इसका नाइट्रेट ही स्फूर्ति देता है। जिससे शरीर की मांसपेशियाँ कम ऑक्सीजन में भी दुरुस्त रहती हैं। चलते वक्त यदि चुकन्दर का जूस पीकर निकलें तो कम ऑक्सीजन की आवश्यकता होगी।

यह जूस बढ़ती हुई आयु में सिकुड़ती हुई धमनियों को फैलाये रखता है इससे रक्त प्रवाह सुचारू रूप से होता है।

पान : गले के दर्द, खराश में आराम देता है। स्त्रोतस शुद्ध करता है। पत्ते के साथ लौंग, इलायची, सौंफ, मिश्री लें कत्था, चूना नहीं।

बेल : बेल के पत्ते का रस स्त्रोतस खोलता है। नीम के पत्ते के साथ लेने से मधुमेह ठीक करता है। कोलेस्ट्रोल कम करता है।

तेजपत्ता : दीपन पाचन करता है। कब्ज दूर करता है, इसके तेजपत्ता उबालकर पानी से सिर धोने से रूसी ठीक होती है।

नीम : नीम का पत्ता रक्त शोधक है, मुलायम 4-5 पत्तियाँ खाली पेट प्रातः चबायें। मसूढ़ों की सूजन भी हटेगी। फैटी लीवर एक माह में ठीक होगा। फोड़े-फुन्सी और त्वचा के लिए लाभकारी।

किडनी, पथरी, मधुमेह, दमा, खाँसी, में इसका चूर्ण लाभकारी है।

केला : केले के पत्ते में भोजन करने से वही लाभ मिलता है जो लाभ चाँदी के बर्तन में भोजन करने से मिलता है।

पीपल : हृदय रोग में लाभकारी। फुन्सी पर कोमल पत्ता बाँधने से मवाद (पस) बाहर होगा।

ब्राम्ही : मेधा शक्ति बढ़ाती है। नींद लाती है। मस्तिष्क के सभी रोगों में लाभकारी।

पपीता : पपीते के पत्ते का रस तुरन्त प्लेटलेट्स बढ़ाता है।

पंच कर्म

वमन, विरेचन, बस्ती, नस्य और रक्त मोक्षण की ये 5 क्रियाएँ पंच कर्म में आती हैं। इसमें औषधियों से शरीर की शुद्धि की जाती है। पंच कर्म में सबसे पहले स्नेहन कराया जाता है। इसमें औषधीय घी पिलाया जाता है। फिर स्वेदन किया जाता है। इसमें औषधीय काढ़ों की भाप दी जाती है। वमन से शरीर के ऊपरी हिस्से के रोग जैसे एसिडिटी, अम्ल-पित्त, साँस की समस्या आदि ठीक की जाती है।

विरेचन से आँतों की सफ़ाई की जाती है।

नस्य से पुराना जुकाम, साइनोसाइटिस जैसी समस्याओं का इलाज होता है। सिर और कन्धों की मालिश की जाती है, इसके बाद औषधियों को नाक में डाला जाता है।

रक्त मोक्षण में शरीर के रक्त की शुद्धि की जाती है जो त्वचा के लिए है। त्वचा रोग ठीक किए जाते हैं।

माइग्रेन

माइग्रेन का मुख्य कारक है मस्तिष्क की वायु का बिगड़ना और पित्त की अधिकता।

हारमोन्स का असन्तुलन, रसायन युक्त भोजन, प्रिजर्वेटिव्स, मानसिक तनाव ये सब पित्त की वृद्धि करते हैं। सिर के एक ओर दर्द (आधा शीशी), आँख के पीछे दर्द, तेज रोशनी और शोर गुल से दर्द बढ़ जाना ये लक्षण हैं माइग्रेन के।

दर्द के समय उल्टी आ सकती है, जी मिचलाता रहता है। माइग्रेन की शुरुआत होती है। एसिडीटी में अम्लीय भोजन, खटाई, मिर्च, मसाले, चाय, कॉफ़ी, तम्बाकू आदि का सेवन बन्द कर दें। क्षारीय भोजन टॉक्सिन्स निकालता है। थोड़ी मात्रा में ग्रीन टी लें यह भी विषाक्त पदार्थ बाहर करती है।

नारियल पानी, दूध, छाछ, हरी सब्जियाँ लें ये सब क्षारीय हैं। माथे पर चन्दन का लेप करें। गाजर, चुकन्दर, पालक का जूस लें। सिर में तेल की मालिश करें। नासिका में गाय के घी की बूँदें डालें। बादाम रोगन की बूँदें भी नासिका में डाल सकते हैं। बादाम रोगन से सिर की मालिश करने से लाभ होगा। गहरी साँस भरें। मन शान्त रखें।

ग़ुस्सा

ग़ुस्सा आना भी एक रोग है उसे दूर करने के लिए उस स्थान को छोड़कर टहलने लगें।

हथेली दोनों सामने रखकर उस पर मुँह से ह: करते हुए साँस फेकें।

एक गिलास पानी पी लें। चिल्लाकर न बोलें। उल्टी गिनती गिनने लगें। शलभ आसन विशेष लाभकारी है। सभी प्राणायाम भी मस्तिष्क शान्त रखते हैं। नित्य प्राणायाम करें। ग़ुस्सा आना ही बन्द हो जायेगा। व्यायाम और योगासन करें। इससे इन्डार्फिन नामक हारमोन का स्राव होगा जो प्रसन्नता लाता है। नकारात्मक सोच भगाता है। तनाव की अवस्था में कार्टिसोल हारमोन निकलता है, अत: तनाव पालने की आदत न डालें। शलभ आसन तनाव भी भगाता है।